novum pro

DI Albrecht Hauenschild

DIE „REALE“ WELT

NATUR UND LEBEN AUS DER SICHT EINES REALISTEN

novum pro

Bibliografische Information
der Deutschen Nationalbibliothek:

Die Deutsche Nationalbibliothek verzeichnet diese Publikation in der Deutschen Nationalbibliografie. Detaillierte bibliografische Daten sind im Internet über http://www.d-nb.de abrufbar.

ISBN 978-3-99107-049-8
Lektorat: Tobias Keil
Umschlagfotos: Jozef Klopacka, Leonello Calvetti | Dreamstime.com
Umschlaggestaltung, Layout & Satz: novum Verlag

Gedruckt in der Europäischen Union auf umweltfreundlichem, chlor- und säurefrei gebleichtem Papier.

www.novumverlag.com

Die „reale" Welt

Gedanken eines 90-jährigen „Realisten" über logisch denkbare Entwicklungsschritte zur ENTSTEHUNG unserer UNBELEBTEN und BELEBTEN WELT, unter hauptsächlicher Verwendung von beweisbaren Naturgesetzen und Erkenntnissen aus Physik, Chemie, Mathematik, Geometrie, Astronomie, Geologie, Archäologie etc.; jedoch unter kritischer Betrachtung von langfristig gewachsenen, jedoch unbeweisbaren „Legenden" oder „Glauben"s-Inhalten. Um die Gedanken, die dieser „ehrlichen", leider auch „gefährlichen"*) Lektüre**) zu Grunde liegen, besser begreifen zu können, ist es ratsam vorerst die Vorbemerkung VB16 und VB13 zu lesen

*) [weil anerzogene Gewohnheiten in Frage gestellt werden.]

**) [Es werden keine Urheberrechte verletzt; da nur eigene oder bekannte Ideen verwendet werden.].

Um das Geschehen in unserer Welt zu verstehen, ist das Vorhandensein einer (Laut-)SPRACHE notwendig. Um Erkenntnisse über das Wesen der Welt zu vertiefen und weiterzugeben, ist die SPEICHERUNG dieser Sprache entweder im Gedächtnis oder etwas dauerhafter als SCHRIFT auf Stein, Papier oder elektronischen Mitteln erforderlich. Die Sprachen sind von Menschen über Jahrtausende hinweg frei entwickelt worden, dadurch ist eine eindeutige Zuordnung des Sinnes eines Wortes nicht immer gegeben; so kann ein WORT mehrere Bedeutungen haben *(z. B.: „DER GEFANGENE FLOH")* und wird erst durch die Anwendung einer Groß- und Klein-Schrift konkretisiert.

Der WAHRHEITs-Inhalt eines Satzes aus Wörtern ist ebenfalls nicht eindeutig geklärt, so dass es für eine „REALE" WELT-ANSCHAUUNG noch zusätzlicher Betrachtungen bedarf. Die Anzahl der Publikationen über ein Thema ist auch kein Maß für deren Wahrheitsgehalt. Wir wollen daher zwischen „humanistischer" und „realistischer" Betrachtungsweise (siehe VB16, S. 101) unterscheiden, wobei die HUMANISTISCHE SPRACHE aus zufällig gewachsenen Regeln in der Frühzeit der Menschheit entwickelt wurde und daher nur scheinbar „Gesetzes"-Charakter aufweist; während die REALISTISCHE SPRACHE sich an den später wissenschaftlich erkannten Gesetzen der Natur orientiert und daher nur tatsächliche, nach den NATURGESETZEN des WELTALLs wirkende Aktionen als „wahr" im Sinne von „real" anerkennt. Natürlich muss sich die „realistische Betrachtungsweise" auch der „humanistischen Sprache" bedienen, um reale (oder zumindest real wahrscheinliche) Erkenntnisse einer breiten Öffentlichkeit bekannt zu machen.

Ein Problem dabei stellt meist die „EINPRÄGUNG einer Weltanschauung" im Gedächtnis eines Lesers dar (siehe Vorbedingung VB16), die das Verstehen des Sinnes dieser Zeilen oft unmöglich macht. Es soll hier die Freiheit der eigenen Meinung niemand genommen werden; doch lohnt es, über manch „Eingeprägtes" nachzudenken. (Siehe auch „Die Religionen"; VB13d+e, S. 89–97)

Die BLACK BOX

Zu meiner Studienzeit vor 70 Jahren gab es noch keine Transistoren und elektronische Schaltkreise, doch es gab ein elektrisches Übungsgerät in Form eines schwarzen geschlossenen Kästchens (die so genannte BLACK BOX) mit zwei Anschluss-Klemmen auf der Eingangsseite sowie auch auf der gegenüberliegenden Ausgangsseite. Dazwischen war ein unbekannter elektrischer Schaltkreis „X" (mit Widerständen, Spulen etc.). Aufgabe war es, durch Messen (der Ströme, Spannungen und Frequenzen) sowohl an der Eingangsseite wie auf der Ausgangseite auf den Inhalt dieser Blackbox „X“ zu schließen, so dass man jene Wirkungen von „X“ erkennt, die aus den Eingangswerten die Ausgangswerte verursachen.

Neulich kam mir die Idee, dieses Prinzip in gedanklicher Form zur „Untersuchung der Lebensentwicklung auf dem Planeten Erde“ anzuwenden:

Von der Anfangs-Situation (= „A PRIORI“ (S. 43)) bzw. über den „Urknall“ (s. S. 10) soll auf die Ereignisse in der Blackbox „X“ (= Entstehung und Entwicklung des Weltalls und des Lebens auf der Erde) geschlossen werden, um lückenlos zur End-Situation (= derzeitiger Zustand auf der Erde) zu kommen: Man kann zunächst kausal mögliche „A-priori-Voraussetzungen“ vermuten, doch man kennt fast „real“ die EINGANGSEITE: durch den URKNALL von Energie vor 13,8 Milliarden Jahren infolge von Erkenntnissen aus Atomphysik und Astronomie.

Man kennt „real“, was die AUSGANGSSEITE beinhaltet: die heutigen Zustände des Lebens auf der Erde, welche hauptsächlich durch Politik, Wirtschaft und Technik, leider auch durch Religions-, Völker- oder Eroberungs-Kriege samt Vertreibungen und Unterdrückungen sowie Hungersnöte, Habgier, Geltungssucht, Egoismus, Raubbau an der Umwelt und irrende Ideen (z. B. Rüstung) zur Weltverbesserung.

Bei so viel Negativem ist für viele die Flucht in erdachte Gedankengebäude von Heil versprechenden Religionen oder Partei-Ideologien der Ausweg, um das Leben erträglicher zu gestalten. Das kann für in sich geschlossene Gruppen durchaus zufriedenstellende Lebensbedingungen ergeben; allerdings sind bei Durchmischung mit konträren Ideologien Konflikte fast vorprogrammiert. Es soll nun (nach der „Blackbox-Methode“) auf den „Inhalt der Blackbox *ERDE*“ geschlossen werden, wie man mit „realistischen logischen Schritten“ die Weltall- und Lebens-Entwicklung vom „A PRIORI“ über den „Urknall“ bis zum „heutigen Zustand auf der Erde“ erklären könnte.

Im folgenden Schriftteil soll die Entstehung von „Natur + Leben“ aus dem „Urknall“ im Sinne einer „realen Weltanschauung" in zwei Teilen betrachtet werden, wobei im ABSCHNITT „A" die „Unbelebte Natur" und im ABSCHNITT „B" die „Belebte Natur" untersucht werden soll.

Dazu sind aber einige VORBEMERKUNGEN „VB" im ABSCHNITT „C" (ab Seite 43) nötig, um für den Abschnitt „A" die meist physikalischen und chemischen Begriffe der realen „NATURGESETZE" in den VB1 bis VB8 zu erläutern. Es sollen auch Unterschiede bei diesen Begriffen aufgezeigt werden, wenn sie im „humanistischen" Sprachgebrauch anderswertig bzw. irrtümlich verwendet werden.

Wem jedoch diese physikalischen Erläuterungen zu mühselig sind, der kann ja im Bedarfsfall speziell nachschlagen.

In den Vorbemerkungen für den Abschnitt „B" (= belebte Natur) sind einige Erläuterungen der „NATURRECHTE" sowie spezielle Kapitel der Lebensentwicklung ab VB9 bis VB16 vorgesehen. (Unter „Naturrechte" sollen jene Verhaltensweisen verstandenwerden, die „lebende Organismen" auch „ohne Vernunft" oder „Erfahrung" infolge GEN-Wirkung eigenständig durchführen, um „die Grundbedürfnisse des Lebens meistern" zu können.)

Eine Kurzfassung des Broschüren-Inhalts folgt in ABSCHNITT „D" (ab S. 102).

Die Erkenntnis aus der „Black-Box"-Betrachtung im ABSCHNITT „E" (ab S. 109).

ABSCHNITT „A"
Die ENTSTEHUNG der UNBELEBTEN WELT

A1) Die Erschaffung der „physikalischen-chemischen" Welt erfolgte höchstwahrscheinlich vor circa 13,8 Milliarden Jahren durch den „Urknall" (siehe VB3a); jene explosionsartige Freisetzung von einer gigantischen Energie-Menge, die zur Entstehung von materie- und kraftfelderbehafteten Urbausteinen (siehe A1a) führte. Von einem zentralen Punkt aus schossen

Energie tragende Teilchen (nach allen Richtungen mit gigantischer Hitze) in den entstehenden (oder?) „leeren Weltraum" hinaus, wobei anscheinend gleichzeitig, infolge Bewegung der Teilchen, die „Zeit" und damit die „Geschwindigkeit" entstanden sind. (Ortsveränderungen benötigen erfahrungsgemäß die „Zeit" (s. VB2 und VB4e).)

Einer logischen Überlegung nach müssen aber vor dem Urknall (a priori (VB1) S. 43) nicht nur das zukünftige Verhalten dieser „Ur-Bausteine" zueinander (für die nachfolgende Entwicklung der leblosen Sternenwelt) in den so genannten „NATURGESETZEN" festgelegt worden sein, sondern es mussten vorher auch immaterielle Gesetzmäßigkeiten (wie die der Mathematik, Geometrie, Kausalität und Funktionalität (VB7 S. 72 von einem ebenfalls immateriellen)) „WELTEN-PLANER" „erdacht" und realisiert worden sein, um ein kausal- und realfunktionierendes Weltall erschaffen zu können! Diesen offenbar höchst-intelligenten, rational und funktional denkenden, aber immateriell wirkenden „WELTPLANER" muss es geben (oder gegeben haben), denn sonst könnte ich diese Zeilen nicht schreiben. Mit den beschränkten Möglichkeiten des menschlichen Denkens kann ER jedoch nicht weiter zurück hinterfragt werden: Denn sonst verliert sich dieses Gedankenspiel zwischen Minus- und Plus-Unendlich auf der Zeitskala.

Doch genau so, wie man aus den „Handlungen" und dem Verhalten und Werken einer unbekannten Person (deren Gedanken man nicht kennt) auf das „Wollen" und „Wirken" schließen kann, so kann man letztlich auf den „Willen" des „Weltenplaners" schließen, wenn man seine „Schöpfungen" (= Weltall + Leben) näher betrachtet.

Die „Zeit" spielt dabei eine wesentliche Rolle, denn die Schöpfungen des Weltenplaners unterliegen einer erkennbaren, zeitlichen Veränderung, sozusagen einem Alterungsprozess: Auch astronomische Gebilde haben eine „Lebensdauer", von der gravitativen Zusammenballung der Materie zu Sonnen über deren Aufleuchten bis zur zerstäubenden Supernova-Explosion verläuft ein Lebenszyklus, der sich in verschiedenster Form „endlos" wiederholen könnte. Bei den Planeten ergibt sich eine

Einblickmöglichkeit in kleine Weltzeit-Fenster durch die Sedimentablagerung in der Planeten-Oberfläche, so dass man z. B. die einzelnen Entwicklungsetappen des Lebens in ihrer Folge zeitlich einordnen kann.

A1a) Diese „konstruktive Planung der Welt“ benötigte eine große Zahl von aufeinander abgestimmten Funktionalitäten (siehe VB7), wie jene der energetischen Urbausteine, aus der sich Materie in Form von Atomkernen und den zugehörigen elektrischen Teilchen (wie Elektronen, Protonen etc.) bilden konnte. Dazu waren die Funktionalitäten der kernverbindenden Atomkräfte notwendig sowie auch die Funktionalitäten der elektromagnetischen Kräfte; aus der die Funktionalitäten der chemisch wirkenden Atomaufbauten (Moleküle) und die „Licht“-Abstrahlung hervorgingen. Die Funktionalität der gravitativen Kräfte war notwendig, um mittels Schwerkraft aus den Materiebestandteilen im All kugelförmige Sonnen (= Sterne) Planeten und deren (fast) kreisähnlichen Planetenbahnen bzw. aus Sternhaufen Galaxien zu bilden. Die Funktionalität der elektro-magnetischen Strahlung war erforderlich, um thermischen Energie-Ausgleich im All zu bewirken sowie um die (später für die Lebensentwicklung und Orientierung im Raum benötigte) „Wärme“ und das „Licht“ möglich zu machen bzw. um Informationen aus dem gigantischen Weltraum zu gewinnen.

A2) Die mit der Urknall-Zündung freigesetzten Urbausteine bildeten innerhalb weniger Minuten die ersten leichten Atome (wie Wasserstoff und Helium), jene mit Gravitation (= Anziehungskraft) versehenen gasförmigen Materie-Wolken. Die zunächst gigantische Energiedichte (= Temperatur) kühlte durch das Auseinanderfliegen der Materie allmählich ab, und der Weltraum wuchs enorm an. Innerhalb von 400 Millionen Jahren (nach dem Urknall) konnten sich aus den Wasserstoff-Atomwolken Myriaden vieler Sterne bilden und sich zu Galaxien milliardenfach zusammenfinden. Durch die Gravitationskraft wurden die Sterne zu Licht abstrahlenden Sonnen, indem sie durch Kernverschmelzung immer schwerere chemische Elemente erzeugen konnten; wie Wasserstoff (H) zu Helium (He), He zu

Silizium (Si) usw., bis zum Kohlenstoff ©, Stickstoff (N), Sauerstoff (O) und bis zu den schwersten Atomen wie Plutonium (Pu) und anderen.

A3) Die scheibenförmige „Milchstraßen"-Galaxie hatte unter Millionen von Sternen auch einen Vorgänger-Stern an der Stelle unserer heutigen Sonne. Dieser Stern, der sich etwa 4 Milliarden Jahre nach dem Urknall bildete und circa 6 Milliarden Jahre leuchtete, war wesentlich größer als unsere Sonne. Er explodierte etwa 10 Milliarden Jahre nach dem Urknall (~ vor ca. 3,8 Milliarden J.) als Super-Nova. Die schnelleren Explosionsteile entwichen ins Weltall. Aus den langsameren Materietrümmern dieser Vorgängersonne (etwa im Raum des heutigen Planetensystems bis jenseits Neptun) bildete sich durch die Schwerkraft (= Gravitation) der Kern unserer Sonne sowie die Planeten und aus dem zugehörigen Staub die Sonnen-Hülle. Die gravitative Aufprall-Energie von den auf die Sonnenhülle stürzenden Gasteilchen (hauptsächlich Wasserstoffatome „H") reichte aus, um deren Dichte und Temperatur so zu erhöhen, dass die Wasserstoff-Atomverschmelzung zu Helium in der Sonne starten konnte (aus 2 H-Atomkernen wird 1 Helium-Atomkern). Durch die dabei freiwerdende Bindungsenergie der Atomkerne entstand durch elektro-magnetische Energie-Abstrahlung das Sonnenlicht. Weitere Atomverschmelzungen vom Helium über Silizium bis hin zum mittelschweren Eisenatom sind möglich. Auf der größeren Vorgängersonne konnten sich auch schwerere Atome über „Eisen" hinaus bis zum „Gold" und Uran bilden. Da auf unserer „Erde" solche Gold-Relikte gefunden werden, ist das ein Indiz für die Existenz der „Vorgänger-Sonne". Sobald nämlich deren gesamte Atom-Bindungsenergie durch Lichtabstrahlung verbraucht war, stürzt die aufgeblähte Sonnenhülle der Vorgängersonne durch die Schwerkraft auf den Sonnenkern, worauf es zu der oben beschriebenen Super-Nova-Explosion kam. Ohne dieses Ereignis gäbe es unseren Planet ERDE (und alle anderen kreisenden Sonnentrabanten) gar nicht; denn langsamere Explosionsteile kehrten durch ihre Gravitation wieder zurück und bildeten unsere Sonne neu samt unserem heutigen Sonnensystem.

A4) Weil die Vorgängersonne vor ihrer Explosion rotierte, behielt auch die rückkehrende Restmasse diese Rotation bei, wodurch unser Planetensystem (vor ca. 3,6 Milliarden Jahren) entstand. Nur jene staubförmigen Explosionsbestandteile, die eine (für den jeweiligen Abstand zum neuen Sonnenkern) passende tangentiale Umlaufgeschwindigkeit um unsere neue Sonne hatten, vereinigten sich allmählich zu kugelförmigen PLANETEN mit elliptischen Umlaufbahnen um die Sonne (da dort die Bahn-Zentrifugalkraft die Anziehungskraft der Sonne aufhebt und daher auf der Bahn Schwerelosigkeit herrscht, so dass der Planet nicht in die Sonne stürzen kann). Die sonnennäheren Planeten, wie Merkur, Venus, Erde und Mars, waren zunächst zu heiß, um später Leben tragen zu können. Die sonnenfernen Gasriesen wie Jupiter und Saturn waren wieder zu schwer und gasförmig; die äußeren Planeten (Uranus, Neptun) mit ihren „Eis"-Monden und die unzähligen Planetoiden aus Eis und Gestein des „Keupergürtel"s (am Rande unseres Planetensystems mit dem 3000 km großen Vertreter „Pluto") sind wiederum sehr bald ausgekühlt, da sie von der Sonne zu wenig Strahlungsenergie erhalten. Einzig allein der Planet ERDE kreist in einer thermisch so günstigen Sonnenentfernung, wo später Leben entstehen konnte und existieren kann. Unsere SONNE leuchtet nun schon seit circa 3,7 Milliarden Jahren, indem sie Wasserstoff-Atome zu Helium-Atomen verbrennt und diese Aktion bis zur Schaffung von den schwereren Eisenatomen weiterführen wird. Ihre Energie reicht aber (infolge der verminderten Größe) nicht aus, um noch schwerere Atome wie Gold oder Uran etc. zu bilden. Der Durchmesser unserer Sonnenatmosphäre, der 109-mal größer als der Erddurchmesser ist, kommt durch den immensen Strahlungsdruck aus den Atomverschmelzungen zustande, die die gasförmige Sonnenhülle entsprechend aufbläht. Erst wenn circa in 2 Milliarden Jahren alle Wasserstoff- und Nachfolge-Atome von den Energie-erzeugenden Atomverschmelzungen in unserer Sonne verbraucht sind, erlischt die Sonnenstrahlung. Die derzeitige, aufgeblähte Gashülle wird (infolge fehlender Lichtstrahlung) dann durch die enorme Anziehungskraft des Sonnenkernes zusammenbrechen. In Folge wird wieder kinetische

Energie frei, wodurch sich die äußere Sonnenhülle weit über die inneren Planetenbahnen hinaus ausdehnen und alles Leben darin durch Hitze vernichten wird. Die Schrumpf-Energie des Sonnenkernes wird aber nicht ausreichen, um eine Super-Nova-Explosion (wie bei der Vorgängersonne) zu erzeugen, sondern die Sonne wird schließlich durch ihre eigene Schwerkraft zu einem nur wenige Kilometer großen, erloschenen Neutronenstern zusammenschrumpfen, dessen Massedichte aber so hoch sein wird, dass ein Kubikzentimeter einige Tonnen wiegt. Die inneren Planeten und unsere Erde werden also in etwa 2 Milliarden Jahren wahrscheinlich zuerst den Hitzetod und danach den Kältetod erleiden.

A4a) Parallel zur Entfaltung der unbelebten Makrowelt der Sterne entwickelte sich die Mikrowelt der unbelebten Atome und Moleküle. Die rund 92 stabilen chemischen Elemente (von Wasserstoff bis Uran + höher) konnten sich mittels ihrer Kernbindungskräfte und elektrischer Ladungskräften zu „Molekül-Verbindungen" zusammenfinden; darunter sind auch unbelebte Riesenmoleküle (Durchmesser = 0,000001 mm), die ähnliche Strukturen zeigen wie die (später für „lebende Zellen" erforderlichen) Riesenmoleküle mit Wachstums- und Steuerungs-Funktionen, infolge ihrer GENE (siehe B11, S. 17)

A5) Es waren jedoch noch zusätzlich („zufällige???") VIER EREIGNISSE in der „leblosen" Entwicklungsphase des Weltalls notwendig, um die Voraussetzungen für die spätere Entwicklung des „Lebens" auf der Erde zu schaffen:

A5a) 1.): Vor 3,6 Milliarden Jahren streifte ein PLANETOID, in der Größe des Mars (mit ~ 1/10 der Erdmasse) die noch glutflüssigen ERDE-Oberfläche in tangentialer Richtung. Dadurch kippte die Erdumlaufbahn (die vorher so wie die Umlaufbahn en der meisten anderen Planeten in der Ebene des Sonnen-Äquators lag) um 23 Grad aus ihrer ursprünglichen Lage, wodurch die für das spätere Leben so wichtigen vier Jahreszeiten entstanden (weil die starre, zum Polarstern zeigende Erd-Rotationsachse nicht mitkippen konnte und deshalb die Sonne halbjährlich die Süd- bzw. Nord-Hälfte der Erde mehr bestrahlt, wodurch WINTER und SOMMER entstehen. Wenn dazwischen vierteljährlich die Erdbahn näher ihrer ursprünglichen Umlaufebene kommt, entstehen FRÜHLING und HERBST). Die Schrägstellung der Erdbahn führte, infolge der Anziehungskraft der Sonne, auch zu einer kreiselförmigen Präzessions-Bewegung der zum Polarstern zeigende Erdachse, wodurch rund alle 12000 Jahre die derzeit herrschende WARMZEIT mit einer EISZEIT abwechselt. Durch die leichte Exzentrizität der Erdumlaufbahn entstehen auch Zwischen-Eiszeiten.

A5b) 2.:) Durch den seitlichen Einschlag des Planetoiden wurde ein Teil der glühenden Erdoberfläche mitgerissen; doch die Schwerkraft der Erde zwang diesen heißen Trümmerhaufen auf eine Kreisbahn um die Erde, woraus vor 3,5 Milliarden Jahren der MOND (durch die Gravitationskraft der Trümmer zueinander) entstand. Der nahe Erdtrabant bremste mittels seiner Gezeitenwirkung (s. VB4a S. 53) die rasch rotierende Erde ab, was für die spätere „Lebensentwicklung" notwendig war. Aus dem ursprünglichen 6-Stunden-Tag entstand allmählich der heutige 24-Stundentag. Der Mond wurde aber dadurch selbst beschleunigt, so dass er sich allmählich von der Erde entfernt (circa 4 cm pro Jahr).

A5c) 3.:) Der Planetoid dürfte auch das nötige Wasser in Eisform für die späteren Weltmeere mitgebracht haben, da vorher im Bereich der Erdbahn alle (durch die glutflüssige Erde verdampften) Wassermoleküle durch den „Sonnenwind" (= eine Teilchen-Abstrahlung durch Eruptionen auf der Sonnen-Oberfläche) an den äußeren Rand des Planetensystems transportiert worden waren, so dass dort Eisplaneten und Eismonde entstanden.

Erst durch diesen 3fachen Effekt des Asteroiden-Einschlages: 1.) Kippen der Erdbahn, 2.) Entstehung des Mondes samt Einbremsung der Erdrotation, 3.) Meerwasserzubringung)

sowie 4.) die Möglichkeit der physikalisch-chemischen Riesenmolekül-Bildung sind die später entstandenen Lebensformen auf dem Planeten ERDE nachhaltig möglich geworden.

Man könnte natürlich meinen, alles sei reiner Zufall gewesen, so wie auch die ersten Lebensmoleküle (laut gängiger Lehrmeinung) sich rein zufällig gebildet hätten. Doch bei so viel passenden „funktionalen Zufällen" gewinnt die Vermutung auf ein Wirken eines konstruktiv denkenden (jedoch immateriellen) „Leben-Planers" immer mehr an Glaubwürdigkeit.

A6) Vor ca. 3,5 Milliarden Jahren (= ~ 1 Mia. J. nach ihrem Entstehen) war die ERDE so weit abgekühlt, dass sich über dem glühenden Erdinneren eine relativ feste Gesteinshülle bilden konnte, die aber im Größen-Vergleich nicht dicker ist als die Schale beim rohen Ei. Kleinere Asteroiden-Einschläge erzeugten zwar tiefe Krater, diese wurden aber von der glutflüssigen Lava wieder aufgefüllt (wie man bei den Mond-Maaren heute noch erkennen kann). Aus der wasserdampf-gesättigten Atmosphäre regnete es ununterbrochen und es bildete sich das Ur-Meer-*„Tethis"*, aus dem (nach der Vereinigung von 3 kleineren Kontinent-Inseln) der Ur-Kontinent *„Pangäa"* herausragte. Diese Ur-Insel war sichelförmig, reichte etwa vom 80. nördlichen bis zum 70. südlichen Breitengrad und hatte eine Breite von ca. 100 Grad, war aber am Äquator schmal. (Die Ost-Bucht des „Tethis"-Meeres zog sich (im Äquator-Bereich) weit in westlicher Richtung in den Urkontinent hinein, und an den Ufergestaden der Bucht lagen jene Landmassen, die später an die Stelle des heutigen Österreich verschoben wurden). Der Urkontinent zerbrach durch die enormen Gezeitenkräfte des (damals noch näheren) Mondes sowie die subkontinentalen Magma-Ströme in 2 Teile: Aus dem nördliche Teil von Pangäa wurden die Gebiete von Nordamerika, Kanada, Grönland, Arktis, Nordeuropa, Asien und Sibirien. Aus dem südlichen Teil entstanden Südamerika, Afrika (mit dem anhaftenden Südeuropa, das später nach Norden verschoben wurde) sowie die Antarktis, Indien und Australien. Im Laufe von 100 Millionen Jahren zerbrachen die 2 Pangäa-Schollen weiter und wurden zu den derzeitigen Kontinenten. Diese (auch heute noch, auf der glutflüssigen Lava schwimmenden Kontinentplatten) bauten bei ihren Zusammenstößen gewaltige Gebirge auf. An den Kontinenträndern wurden Urgesteins-Schichten übereinandergeschoben, und die damals noch weichen Sedimentböden der Meere (aus Jahrmillionen langen Ablagerungen ausgeschwemmter Calcium-Molekül-Verbindungen) dazwischen wurden zu riesigen, oft gefalteten (und sich nachträglich erhärtenden) Kalkstein-Gebirgs-Schichten hochgedrückt (so liegt z.B. die Spitze des Schweizer Matterhorns aus afrikanischen Gestein auf dem europäischen Urgestein). Vulkankegel bildeten sich in den dünnsten Kontinentbereichen, wo glutflüssige Lava die erkalteten Gesteinsschichten aufschmelzen und durchbrechen konnte. Durch Abgase und Vulkanausbrüche entstand zeitweise eine Kohlenstoffdioxyd-Atmosphäre. Durch die Erosion des Regenwassers und Gletscher-Eises (aus den Eiszeiten) wurden mächtige, bis zu 8 km hohe Gebirge abgetragen, Täler, Flussläufe und Süßwasserseen entstanden, Ebenen wurden aufgeschüttet, und auch der Wind trug zum Entstehen der heutigen Erdoberfläche bei, die jedoch bis vor circa 2,5 Milliarden Jahren wüstenartig heiß und vollkommen unbelebt war.

ABSCHNITT „B“
Die ENTSTEHUNG der BELEBTEN WELT

Erst seit etwa 2500 Millionen Jahren (das sind ~ 18% des Universum-Alters (= 2,5/13,6 = ~ 0,18)) gibt es die primitivste Form des „Leben“ auf dem Planeten ERDE. Doch woraus besteht eigentlich „LEBEN“?

B1) Unterschied zwischen „unbelebter“ und „belebter“ Materie

Etwa 1 Milliarde Jahre nach dem Urknall war die aus den Urbausteinen (siehe A1a) gebildete Materie so weit stabilisiert, dass deren Bewegungen im Weltall nur nach den „Naturgesetzen“, wie Gravitations-, Trägheits- Strahlungs- und Atomenergie-Gesetzen, gesteuert wurden.

Eine eigenständige Bewegung zur Ortsveränderung von Materieteilen entgegen den Naturgesetzen gibt es erst seit zirka 2,5 Milliarden Jahren, durch Entstehung eines vielschichtigen Materie-, Steuerungs- und Teilungs-Systems namens „LEBEN“, indem Sonnenenergie in komplexer Weise gespeichert wird, um es (anscheinend „konstruiert“ angeordneten) Riesen-Molekül-Gruppen zu ermöglichen, Ortsveränderungen gegen die Kräfte der unbelebten Natur (z. B. Wuchs gegen die Schwerkraft) vorzunehmen. Dazu musste der (offenbar unerforschbare, immaterielle) „LEBENS-PLANER“ diese Ära mittels Schaffung einer „Ur-Ei-ZELLE“ gestartet haben; denn „LEBEN“ ist eine Eigenschaft, die es temperierten und geeignet angeordneten Zellgebilde aus Riesen-Molekülen (der unbelebten Natur) in Funktion mit den „Leben“-steuernden GENEN (siehe Vorbemerkung VB9) Folgendes ermöglicht:

* Vermehrung der (Ei-)Zellen durch Teilung, für die Erschaffung eines Körpers,
* Organe in den (Ei-)Zellen auszubilden, für die Formung eines Körpers,
* Sinneszellen zu entwickeln, für Ermöglichung von Reaktionen auf Umwelteinflüsse,
* Energie zu speichern, für die Bewegung und Wärmekonstanz.
* Bewegungen gegen die Schwerkraft zu gestalten mittels Extremitäten,
* Bewusstsein + Gedächtnis zu entwickeln, für Erkenntnisse und Reaktionen,
* Ereignis-Speicherung in Zellkern-GENen, zur Erbinformationen Weitergabe.
* Zellen-Entwicklung zur Lebenszeitbegrenzung, und Geburt und Tod zu erwirken.
* Veränderungen in der Umwelt zu ermöglichen, zum eigenen Vorteil oder Nachteil,
* Anpassung an geänderte Umweltbedingungen, zur Überlebensmöglichkeit.
* Entwicklung neuer Lebensbereiche, durch Variation der Lebensformen,
* Umsetzung der „NATURRECHTE“ (VB9, S. 77), für die Lebens-Notwendigkeiten der Lebewesen.

Allem Anschein nach dürfte das Leben (wegen der speziell erforderlichen Umweltbedingungen) aber nur auf dem Planeten

ERDE existent sein. Selbst wenn „das Leben" aus statistischen Gründen theoretisch auch auf anderen erdähnlichen Planeten funktionieren könnte, so sind diese so unerreichbar weit weg, dass eine Kommunikation (oder gar ein Besuch dieses All-Bereiches) vollkommen unmöglich ist, weil sie allein nur für eine Nachrichten-Übermittlung Jahrmillionen benötigen würde, auch wenn diese mit Lichtgeschwindigkeit übertragen werden.

B2) LEBEN im WELTALL?

Alle Spekulationen über ein Leben im Weltall, außerhalb des Planeten ERDE, haben nur dann einen Sinn, wenn sie die realen physikalischen und chemischen Naturgesetze und deren Grenzen in die Betrachtung mit einbeziehen. Es ist daher sinnlos, Theorien über Lebensformen in Allgebieten anzustellen, mit denen wir schon auf Grund der Entfernung nie werden kommunizieren können. Es ist sinnlos Botschaften ins All mit Lichtgeschwindigkeit abzusenden, wenn wir auf Antworten darauf an die hunderttausende oder gar Millionen-Jahre zuwarten müssen. Allein das galaktische Sternensystem „Milchstraße", in dem unsere Sonne ein Stern unter Milliarden ist, hat einen Durchmesser von 120000 Lichtjahren und ist dabei nur eine von Millionen im All existierenden weiterer Galaxien.

Wie unmöglich ein Kontakt mit anderen „Lebewesen aus dem All" ist, sei am Beispiel einer menschlichen Weltraumreise zu einem anscheinend bewohnbaren Planeten eines „nur" 5 Lichtjahre entfernten Sternes gezeigt: Selbst wenn die technischen und energetischen Probleme gelöst werden könnten, würde der Hin- und Rück-Flug des Raumschiffes 270 Jahre dauern und mindestens fünf aufeinanderfolgende Generationen von Astronauten benötigen (siehe VB 8). Medienmeldungen betreffend Sichtungen von UFOs (= Unknown Fligth Objects) haben in den letzten Jahren zu Spekulationen über außerirdische Intelligenz geführt, die durch keine wissenschaftliche Erkenntnis bestätigt worden sind. Wäre es anders, wären wir wahrscheinlich schon vom „letzten" auf den „vorletzten Platz" der Weltnahrungskette „des Fressen-und-Gefressen-Werdens" gelandet

B3) Wahrscheinlichkeit der Entstehung des Lebens durch ein zufälliges Zusammentreffen von geeigneten Molekülen und Umweltbedingungen?

Eine weit verbreitete Meinung über die Lebens-Entstehung stammt von der (um 1850 veröffentlichten) Theorie von DARWIN. Demnach sollen bei langer Entwicklungszeit (über Millionen Jahre hinweg) unter günstigen Umwelt-Bedingungen und einem zufälligen Zusammentreffen von geeigneten Molekül-Gruppen (aus Wasserstoff, Sauerstoff und Stickstoff) „lebensfähige" Riesenmoleküle entstanden sein, die dann (durch Anpassung an geänderte Umweltbedingungen) die verschiedensten Lebensformen durch Zufalls-Einwirkungen am Planet ERDE hervorgebracht hätten. Diese Überlegungen entstanden (nach einer Weltumsegelung Darwins auf einem britischen Forschungsschiff um 1831) als ein Produkt des „humanistischen" Denkens (siehe VB15b), wobei in der damaligen Zeit (mit noch spärlich entwickelten technischem Wissen), in vergleichender Betrachtung der Lebewesen, die obige Lebens-Entwicklungs-Theorie entstanden ist. So hat z. B. „Darwin"s Theorie den Erklärungs-Notstand bei der Entstehung der Vermehrung (z. B. „Zellteilung und Zellsteuerung") sowie bei den sprunghaften Gruppenbildungen der verschiedenen Arten, wozu hochkomplexe Ereignis-Schritte nicht nur im Körperbau, sondern auch in der Steuerlogistik der einzelnen Körperteile gesetzt werden müssen. Darwin und seine Nachfolger können auch die Herkunft des „Bewusstseins" mit seinen Sinneseindrücken samt dem zugehörigen „Gedächtnis" (siehe B8) nicht erklären. Die Anthropologen der heutigen Zeit konnten zwar die körperliche Entwicklungslinie vom Urfisch bis zum Menschen nachweisen (z. B. entwickelte der Urfisch aus seinem Rückgrat eine Art Schulterblatt, aus dem später armartige Flossen entstehen konnten, und die Knochenstrukturen aufweisen, die auch beim menschlichen Arm vorkommen). Aber wie sich z. B. die Atem-Technik von den Kiemen zur Lunge ergeben hat, kann man durch Zufall nicht erklären. Eine so komplexe Änderung (nicht nur in der Form, sondern auch in der Funktion) bedurfte wohl eines logisch erdachten Entwicklungszieles, das einen Ursprung haben muss. Jedoch können einfache Entwicklungs-Anpassungen innerhalb der Lebewesen-Gruppen an langfristig erfolgte Umweltveränderungen (von den Natur-Gegebenheiten gesteuert) durch Auslese und Speicherung in den GENen (siehe B9b) schon stattfinden. Derzeitige Vertreter von Darwins Theorie können zwar Riesenmoleküle (auf phys.-chem. Weg im Labor) künstlich herstellen, die den Riesenmolekülen der „GEN"-Bestandteile (s. VB9) ähnlich sind, doch fehlt diesen chemischen Gebilden der notwendige „Lebens-Funke" der GENe: wie Zellkernbildung, Wachstum, Lebens- und Steuerungs-Notwendigkeiten der „NATURRECHTE" (s. VB9, S. 77), die sicher nicht physikalischer Natur sind.

Meiner Meinung nach wird die „künstliche Schaffung von organischem Leben" nie gelingen, weil die unter B1 genannten Eigenschaften des Lebens, wie GEN-Funktionen sowie das „Bewusstsein" für die Sinne, oder sonstige „Gehirnfähigkeiten" durch chemischen Riesen-Moleküle nicht erbracht werden können.

B4) Voraussetzungen für „geplante" Lebensformen

In den ersten 11 Milliarden Jahren nach dem Urknall konnte im Weltall (infolge der enormen Strahlungstemperatur der Sternenwelt) kein „Leben" ent- oder be-stehen. Die bereits vor dem Urknall (s. VB1) geschaffenen „Baupläne" für das physikalisch-chemische Verhalten der „leblosen" Materie und Sternenwelt enthielten aber auch schon die Voraussetzungen für die spätere „Hardware" (s. VB9) des „Lebens"; nur fehlte noch die für das individuelle Leben notwendige „Software" (s. VB9), welche die Steuerung von „Form und Verhalten" des Lebewesens bewirkt. Diese „Software" muss erst vor 2,5 Milliarden Jahren von dem (immateriellen) „WELTPLANER" für die Entwicklung des ersten, vermehrungsfähigen Zell-Gebildes aus den Riesenmolekülen (der leblosen Ära) „erfunden" worden sein, damit die Lebensentwicklung im All starten konnte. Der komplizierte logische Aufbau (samt Steuerungs-Funktionen) der Urzelle lässt erkennen, dass es sich um kein Zufallsprodukt handeln kann, sondern dass „das Leben“ vom Lebenserfinder gezielt geplant worden sein muss.

B5) Die ERSCHAFFUNG des LEBENs

Vor ca. 2500 Millionen Jahren war die Oberfläche des Planeten Erde so weit abgekühlt, dass die Erschaffung von primitivsten Lebensformen möglich wurde. Die ERDE war damals ungefähr 500-Millionen Jahre alt.(also 0,5 Milliarden Jahre nach der Neubildung unseres derzeitigen Sonnensystems aus den Supernova-Explosions-Resten der „Vorgänger-Sonne“ (s. A3), was ~ 10 Milliarden Jahre [= 80%] nach dem Urknall entspricht). Für die Entstehung von primitivsten Lebensformen muss meiner Meinung nach (infolge der vorhin beschriebenen Ereignissen) wieder der „Ur-Planer vom Urknall“ bemüht werden. (Der Begriff „GOTT“ ist durch die Religionen schon anderweitig festgelegt, siehe VB13, S. 90).

Diesen „LEBENSPLANER“ muss es gegeben haben, denn sonst würde das beobachtbare Leben auf der Erde nicht existieren. ER ging jedoch bei der „Erschaffung des 1. Lebens“ sehr zögerlich und vorsichtig vor; denn wie wir aus den Erkenntnissen der Archäologie und Geologie wissen, sind die in den untersten Sedimentschichten eingelagerten Fossilien (= versteinerte Überreste abgestorbener Pflanzen und Lebewesen) noch winzig klein und von relativ einfachen Bauarten. Aber sie bestehen schon aus eigenen speziellen „ZELLEN“, die sich selbständig vermehren konnten (siehe B6).

Erst im Laufe von weiteren hunderten Millionen Jahren werden die verschiedenen Lebensformen größer und besser ausgebildet, so dass man eine konstruktive Entwicklung der Lebens-Bauarten aus deren fossilen Überresten erkennen kann. Dem „Lebensplaner“ genügte es aber nicht, nur zu „denken“: ES WERDE das LEBEN!, denn es gab bereits die „Funktionalität“ (siehe VB7b) vor dem Urknall; also A PRIORI (s. VB1). Er musste sich, für die Erschaffung der „Urzelle“, aus Atomen der „alten und leblosen“ Materie komplizierteste Molekülgruppe zusammensetzen und mit einer „Software"-artigen „Steuerfunktion" (=„Leben", siehe B9) versehen, so dass das 1. Ur-Lebewesen auch wirklich funktionieren konnte. In dieser „Lebens-Software" mussten alle erforderlichen Grundelemente einer Lebens-Entwicklung (wie Vermehrung durch Zellteilung, Absterben, Wachstums Zellenfunktions-Eigenschaften, Zellen-Lageplatz-Zuweisung im Körper, Speicherung für Energie und Erb-Informationen für die Gruppenbildung etc.) vorhanden sein, um später die Möglichkeiten zur Entwicklung der verschiedensten Lebensformen zu gewährleisten.

B5a) Eine enorme Menge von Funktionalitäten (siehe VB7) der Körper-Zellen-Wirkweisen, die letztlich „das Leben" für eine nachhaltige Bestand seiner Existenzen benötigte, kann nur entstanden sein, wenn sie logisch als „NATURRECHTE" geplant worden sind. Solche „Naturrechte des Lebens" lassen sich an den logischen Verhaltensweisen von Lebewesen (auch bei Vernunftlosen) erkennen, weil sie für ein Überleben notwendig sind! So kann z. B. ein neugeborenes Fohlen selbständig aufstehen und seine Nahrungsquelle finden, ohne dass ihm das jemand gelehrt hat. Oder eine Raupe kann sich zum Schmetterling verwandeln ohne fremde Hilfe, et cetera (siehe auch VB9).

B6) Die Erfordernisse der LEBENSFORMEN

B6a) Zunächst dürfte das „Leben" im Wasser aus einer „1. URZELLE" erschaffen worden sein, da die wüstenartigen Erdoberflächen vor 2.5 Milliarden Jahren noch zu heiß für das Leben der Pflanzenwelt (= Flora) am Land war. Diese Urzelle war mikroskopisch klein (~ 0,1 mm) aus Proteinen aufgebaut und mit einem „Zellkern" versehen; worin hoch strukturierte „GEN"e (aus Riesenmolekül-Verbindungen mit einer geheimnisvollen „Lebens-Steuerkraft", s. VB9) alle Informationen für die Entwicklung des zu künftigen „Leben"s enthielten.

So entstand aus der 1. Urzelle die „erste ortsfeste" Wasser-Pflanze, die wesentlich komplexer aufgebaut war als die Gebilde aus der leblosen, physikalische Welt nach dem Urknall, denn sie konnte ihren Köper (mit Energie aus dem Sonnenlicht) entgegen der Schwerkraft wachsen lassen. Der erwähnte „Lebens-Planer“ dürfte bei der Erschaffung des Lebens noch weitere, etwas differenzierte Urzellen kreiert haben, woraus sich die verschiedenen Pflanzen-Arten entwickeln konnten. Diese Wasserpflanzen hatten zunächst nur die Fähigkeit des „Wachstums“ und der „Vermehrung“ durch „Sprösslings“-Bildung. Die „Samenbildung“ durch geschlechtliche Vermehrung mit Bestäubung und Früchtebildung gab es erst später bei den Landpflanzen.

B6b) Vor 1Milliarde Jahren erfolgte die Weiterentwicklung von der „ortsgebundenen Pflanzenwelt“ zur „ortsungebundenen Tierwelt“.

Dazu dürfte wieder der „Lebens-Planer“ in Aktion getreten sein, um nach Modifizierung der pflanzlichen Urzellen-Pläne die ersten „Eizelle“ für die „einzelligen Urtierchen“ mit Eigenbewegung geschaffen haben. Diese 1. Lebewesen (wie Amöben, Geißel- und Strahlen-Tierchen etc.) waren winzig klein (< 0,5 mm), lebten ebenfalls im Wasser und bestanden nur aus einer „Zelle“, die zum Teil ihre Körperform eigenständig verändern konnte. Das eigentliche Tier-Leben wurde, wie bei den Pflanzen, vom Zellkern aus gesteuert, der mit seinen GENen das Funktionsprogramm der Zelle (wie Zellenteilung zur Vermehrung, Nahrungsaufnahme, Stoffwechsel, Lebensdauer etc.) bewirkte, sodass weitere gleichartige Lebewesen entstehen können. Damit diese „Einzeller“ mit eigener Kraft z. B. gegen die Schwerkraft ankämpfen konnten, mussten sie Energie in Form von Sonnenlicht und Nahrung (wie Pflanzenreste) über Mundöffnung und Magen aufnehmen können und mit steuerbaren Bewegungs-Systemen (wie Wimpern, Geißeln, Füßchen) gegen die Schwerkraft wirken. Dazu musste ein Stoffwechsel-System (Mund, Darm, After) geplant, Energietransport-Systeme (Herz, Adern, Blut), eine Steuerzentrale (Zellkern), Extremitäten (Ruderwimpern) und eine Begrenzung der Oberfläche (Haut) vorgesehen sein. Der „Ur-Planer“ des mikroskopisch kleinen „Urtierchen“ hatte damals aus GEN-veränderten Ur-„Ei-Zellen“ (siehe VB9 S. 76) auch viele abgewandelte Lebensformen als „Mehrzeller“ erschaffen, woraus sich danach die verschiedenen Arten von Tieren mit ähnlichen Strukturen (= biologische Rassen durch GEN-mäßig gespeicherte Lebensanpassungen) bilden konnten. Bei später entstandenen Lebewesen wurde das zellkern-gesteuerte „Lebens-Programm“ durch Schaffung der „Sinne“ (s. B10). für das Zurechtfinden in der Umwelt ergänzt. Dazu bildete der „Lebensplaner“ Sinnesorgane am Tierkörper aus, die Informationen von der Umgebung an das Verarbeitungszentrum „Gehirn“ mit seinen „Nerven-Zellen“ für „Bewusstsein“ und „Gedächtnis“ liefern können, so dass das Lebewesen auf „Eindrücke“ aus der Umwelt reagieren kann. Die Funktion des Bewusstseins und Gedächtnisses ist für den Menschen so rätselhaft wie die Funktion des Zellkerns, obwohl dessen „Hardware“ (siehe B9a) aus erforschten Riesenmolekül-Bausteinen der GENe bekannt ist.

B6c) Erst im Laufe von weiteren hundert Millionen Jahren entstanden größere (ebenfalls nach den Zellenmechanismus der Ur-Eizelle aufgebaute) Lebewesen, so dass man eine konstruktive Entwicklung der Lebens-Bauarten aus deren fossilen Überresten erkennen kann:

Vor 2500-M. J. (= Millionen Jahren) gab es kein Leben auf dem Planeten.
Seit 2500-M. J. gibt es Wasserpflanzen.
Seit 1000-M. J. gibt es Urtierchen und primitive Mehrzeller im Wasser.
Vor 500-M. J. gab es wirbellose Tiere (wie Würmer, Krebse etc.).
Vor 450-M. J. kamen die 1. Fische (und die 1. Landpflanzen).
Vor 300-M. J. gab es 1. Landschnecken (Schachtelhalm etc.).
Vor 250-M. J. sind auf Festland Reptilien (Nadelhölzer, Lungenfische etc.).
Vor 150-M. J. 1. Urvogel (Flug-Meeres- und Land-Saurier, Knochenfische, Ammoniten).
Vor 60-M. J. Aussterben der Saurier (durch Meteoreinschlag, danach Verbreitung der Kleinsäugetiere und deren Größerwerden, sowie Vögel in tropischer Flora),

Vor 20-M. J. im Miozän entwickeln sich affenartige Tiere aus den artenreichen Säugetier-Gruppen;
neben Mammut, Höhlenbär, in üppiger, tropischer Fauna.
Vor 2-M. J. erschienen die ersten, noch Schimpansen ähnelnden Frühmenschen.
Seit 1-M. J. gibt es die aufrecht gehenden Menschen, und erst, Seit 200-tausend J. Menschen mit heutigen Statur, aber geringerer Intelligenz.
Vor 50-tausend J. entstanden Völker und erfanden eigene Sprachen.
Seit 10-tausend J. gibt es Schriften, Religionen und organisierte Kriege.

Die obigen Zeitangaben stammen großteils aus Erkenntnissen der Archäologie und Geologie über Fossilien-Funde aus den altersgeordneten Sedimentschichten der Erdoberfläche. Der Übergang von einer Tier- oder Menschen-Art in eine vollkommen andere oder verbesserte Erscheinungsform bedurfte (meiner Meinung nach) wieder der Mitwirkung des „immateriellen Lebenplaners", denn diese Veränderungen betrafen nicht nur den physischen Körperbau, sondern auch die funktionalen, GEN-gesteuerten Verhaltens-Strukturen der Lebewesen.

B6d) Für jedes heute lebende Mädchen gibt es über Generation zurück eine Lebenslinie, da es eine Mutter hat, und diese Mutter auch von einer Mutter stammt (nämlich der Großmutter); so hatte auch diese Großmutter eine Mutter (die Ur-Großmutter des Mädchens) und so weiter ... Diese weibliche Entwicklungslinie lässt sich bis zum Zeitpunkt der Menschwerdung vor 1 Million Jahren gedanklich zurückverfolgen; und mit jedem „UR-" kommt eine Generation dazu. Die Dauer einer Generation (= ~ mittleres Alter einer weiblichen Person bei der 1. Niederkunft) ist ungefähr 25 Jahre. Dividiert man das Alter der Menschheit durch das Generationsalter, so errechnet man für jeden heute lebende Mensch etwa 40-tausend Ur-Ur-Ur-Ur-Mütter; wobei diese Linie nie unterbrochen wurde, sonst wäre er ja heute nicht auf der Welt. Natürlich gibt es genauso viele Ur-Ur-Ur-Väter, nur liegen die nicht auf einer durchgehenden

Geburten-Linie; sondern auf parallelen, teilweise zusammenlaufenden Namenslinien, so dass nicht verwandte Leute gemeinsame Ur-Ur-Ur-Eltern haben können. Man kann diese Betrachtung auch über das erste „Menschen-Paar" hinaus anlegen und über die Primaten, Affen, Säugetiere, Fische bis hin zu den einzelligen Urtierchen gelangen. Und so kommt man zum Schluss, dass, trotz aller Neuschaffung von Rassen, eine jede heute lebende menschliche Körper-Zelle von dem Prinzip der ersten tierischen Ur-Keimzelle des „Lebenplaner"s abstammen muss, und zwar durch sprunghafte Weiterentwicklung durch den „Lebensplaner" und Umweltanpassung von Rasse zur Folge-Rasse.

B7) Die Erfordernisse für eine nachhaltige Lebensentwicklung

Der „Lebens-Planer" hatte das Programm der Zellteilung bei der Schaffung der Urlebewesen und deren Nachfolgern angewandt, um eine nachhaltige Entwicklung der Arten zu ermöglichen; was aber bis zum heutigen Tag bei allen Lebewesen und beim Menschen zum „Problem Nr. 1 der Welt" führte: nämlich zum „unbegrenzten Wachstum" und dessen Folgen (siehe VB 10). Durch die reproduzierende „Zell-Teilung" entstehen neue Lebewesen. Bei einer Reproduktionsdauer von z.B. einem Tag werden aus dem 1. Individuum = 2; am 2. Tag sind es = 4; am 3. Tag schon = 8; und so weiter. Am 7. Tag schon = 128, in der 2. Woche bereits = 16384. Nach 1 Monat wären es bereits über 1 Million Individuen, nach 2 Monaten über = 10 hoch 18 (das = eine Milliarde mal einer Milliarde = ein Einser mit 18 Nullen dahinter!!!).

B7a)Man erkennt das Problem vom ungeheuren Wachstum der EXPONENTIELLEN VERMEHRUNG in einer Gruppe, selbst wenn die Reproduktionsdauer beim Einzelindividuum oft Jahre dauert (siehe VB10). Anfangs war das in den Weltmeeren noch kein Problem, aber später, als größere Lebensformen entstanden, musste die grenzenlose Vermehrung durch neue „Ideen" des Lebensplaners gestoppt werden:

Die REDUZIERUNG der Gruppenmitglieder-Anzahl musste durch die „Lebenszeit" begrenzt werden: Jedes Gruppenmitglied soll nach seinem Entstehen einen Alterungs-Prozess durchlaufen und nur in seinem „Lebensraum" (z. B. wegen der Atmung) leben können, so dass der „TOD" das Individuum letztlich wieder zur „leblosen Materie" macht. Die „LEBENSZEIT" ermöglicht es aber den Individuen, sich in dieser Zeit mehrmals zu reproduzieren (also mehr Kinder zu haben), was die Gruppe wieder größer werden lässt. Durch das Absterben wird die ständig wachsende Anzahl der (zur selben Zeit lebenden) Gruppenmitglieder auf die letzten 3 Generationen beschränkt. Trotzdem ist die Wachstumsrate noch viel zu hoch, um eine nachhaltig stabile Lebensentwicklung der Arten zu ermöglichen.

Es waren daher weitere Stabilisierungsmaßnahmen nötig, denn die (mit der Zeit entstandenen) verschiedenen „Arten" von Lebewesen machten sich durch die exponentielle Vermehrung gegenseitig die Lebensräume streitig.

B7b) Um das Überleben der unterschiedlichsten Tierarten auf Dauer gewährleisten zu können, schuf der „Lebensplaner" (zwecks Stabilisierung und Einbremsung der Vermehrungen) circa vor 400 Millionen Jahren die Untergruppen der RAUBTIERE, die in fast allen Tiergruppen vorkommen, und nicht nur durch Haifisch, Löwe, Adler repräsentiert sind; es gibt sie auch als Kleintiere und Winzlinge, wie Krebszellen, Krankheitskeime etc., die ja auch „Lebewesen" sind, weil sie sich durch Zellteilung vermehren können. Diese neuen „Arten" von „kriegerischen" Lebewesen sind „GEN"-gesteuert (s. B11) und haben keine andere Aufgabe, als die Anzahl der Individuen einer anderen, friedlich lebenden Gruppe zu dezimieren, um deren potentielle Vermehrung zu begrenzen und stabil zu halten.

B7b1 Und das „RAUBTIERE-PRINZIP" funktioniert so: Hat eine friedlich lebende Gruppe durch geeignete Umweltbedingungen genügend Nahrung zur Verfügung, so steigt deren Individuen-Anzahl fast explosionsartig an. Dadurch hat nun die „feindliche" Raubtiergruppe ebenfalls ein größeres Nahrungsangebot, vermehrt sich also auch schneller und kann die bejagte Gruppe dezimieren. Die verringerte Gruppe der „Friedlichen" bietet nun wieder weniger Nahrung für die „Räuber"-Gruppe; wodurch auch deren Anzahl entsprechend zurückgeht, und die bejagte Gruppe kann sich so wieder vermehren. Beide Gruppen werden dadurch nachhaltig (über lange Zeiträume) stabil gehalten. Es ist ein wichtiges NATURRECHT, um das Leben der Arten auf Dauer nachhaltig zu ermöglichen, und ist offensichtlich GEN-gesteuert (siehe VB 9). Ein seuchenartiges Auftreten von „Krankheits-Erregern" ist demnach ebenfalls nach dem Raubtierprinzip ein wachstumshemmendes System, das letztlich auf der Wirkung von winzigsten „Raubtierchen" (wie Viren, Krankheits-Keimen, Krebszellen, Bazillen etc.) beruht.

B7b2) Offensichtlich gab es bei der „Planung" der „Raubtier-Gruppen" noch kein MORALPRINZIP [= *„Was du nicht willst, was man dir tu', das füg auch keinen andern zu"*], welches erst später durch den denkenden und „mitfühlenden" Menschen erfunden wurde (s. VB13). (Wie sollte denn ein Löwe überleben, wenn er aus moralischen Gründen Bedenken hätte, eine Gazelle zu erbeuten, um seinen Hunger zu stillen?) Was „gut" oder „böse" ist, kommt ja auf den jeweiligen Betrachtungs-Standpunkt an: Denn eine „gute" Gruppe kann von einer anderen als „böse" eingestuft werden, wenn sie durch allzu große Vermehrung deren Lebensraum wegnimmt. Andererseits finden Gruppen eine „böse" Raubtier-Gruppe als „gut", wenn sie an deren Beute teilhaben können.

B7c) Weitere Beschränkung des Gruppenwachstums bringt dem „Lebensplaner" das „Moral-lose" Prinzip von der ökonomischen Verwertung der Nahrung durch das „FRESSEN und GEFRESSEN werden", was viel Energie einspart und nebenbei noch dazu zur Säuberung der Umwelt beiträgt.

B7d) Wachstums bremsend wirkte ebenfalls die Entstehung von „sich feindselig bekämpfenden Untergruppen" innerhalb einer Gruppenart, durch lebensfeindliche Faktoren wie Futtermangel, Klimawandel, geologische Gebietsveränderungen etc.; was zu „RIVALITÄTSKÄMPFEN" wie Rassen- und Gebiets-Eroberungs-Kriegen führte.

B7e) So entstand später daraus die Untergruppe der „MENSCHLICHEN RAUBTIERE", die als SOLDATEN und KRIEGSPLANER (offensichtlich „GEN"-gesteuert, zwecks Begrenzung vom exponentiellen Zuwachs der Bevölkerung) voll Tatendrang in grausame Kriege ziehen. In den letzten 3.000 Jahren fanden alle Viertel-Jahrhundert größere Stammes- oder Völker-Kriege statt, mit Millionen Todesopfern, wobei die Zerstörung des „Althergebrachten" mit dem Wiederaufbau von „Neuem" anscheinend für die Weiterentwicklung der Gruppe „Menschen" als Notwendigkeit vorgesehen ist. Diese regelmäßig wiederkehrenden Völkerkriege werden meist von extremen Führungspersönlichkeiten geplant und ausgelöst, und scheinen eine vom Lebenserfinder erdachte Notwendigkeit zu sein, weil es sonst durch die ungebremste exponentielle menschliche Vermehrung bedingt nur mehr „Stehplätze" auf der Erde gäbe (siehe VB10).

B7f) Mit der Einführung des sexuellen Reproduktions-Modus kam eine weitere Wachstum-Stabilisierung dazu: weil die PAARBILDUNG zwecks „sexueller Vermehrung" (zur Vermischung der Eltern-GENe in der Keimzelle des Kindes) „männliche" und „weibliche" Einzel-Individuen schuf, wovon nur die weiblichen reproduktionsfähig sind, so dass auch die Zuwachsrate auf die Hälfte sinkt

Die (naturrechtlich gesteuerten) sexuellen Rivalitätskämpfe unter den männlichen Exemplaren nach dem „Naturrecht des Stärkeren" (siehe VB9) dienen offensichtlich für bessere Überlebens-Chancen der Gruppen-Arten, weil nur die Besten ihre Gene weitergeben können; bewirkte jedoch teilweise auch eine Zuwachsminderung, weil so manche männliche Nebenbuhler nachwuchslos bleiben.

B7g) Trotz oben genannter Einbremsungen des Bevölkerung-Wachstums überwiegt der ZUWACHS bei den Menschen (= weltweit 2,7 Personen pro Sek.) beträchtlich die Anzahl der Verstorbenen (durch Alter, Krankheiten, Kriege, Seuchen, Unfälle, Naturkatastrophen etc. in dieser Zeit) (siehe VB10).

Bei genauer Betrachtung scheinen diese immer wiederkehrenden globalen Völkerkriegs-Ereignisse eine vom Lebenserfinder geplante Notwendigkeit zu sein, um eine Lebensraumnot zu verhindern. Diese „gewagte" Behauptung sei durch folgende Berechnung unterstützt: In meinen kleinen Mühlviertler Ort gab es vor 1914 etwa 10 größere bäuerliche Hofbesitzer (mit durchschnittlich 6 Kindern (= 3 Buben + 3 Mädchen), sodass aus 2 Bauersfamilien je 6 Ehepaare entstehen konnten. Somit ergab sich für 1 Familie eine 3-fache Vermehrung pro Generation.) In der 2. Generation übernahm der 1. Sohn den elterlichen Hof, und die 2 anderen Söhne errichteten je 1 neuen Hof, sodass am Ende der 2. Generation (nach 2-mal 25 Jahren) die Vermehrungsrate = 2 Höfe pro Generation betragen hätte; aus 1 Hof wären 3 Höfe entstanden. Durch das exponentielle Wachstum ergäbe sich in einem Jahrhundert (nach 4-Generationen) ein Zuwachs von 2 x 2 x 2 x 2 = das 16 Fache. Aus den 10 Bauernhöfen wären in den hundert Jahren (1914 bis 2014) in friedlichen Zeiten etwa 160 Bauernhäuser entstanden, was besiedlungsraum-mäßig unmöglich wäre. Da aber (gemäß den 2 Kriegerdenkmäler von 1918 und 1945) im 1. und 2. Weltkrieg 100 (aus dem Ort stammende) Familien-Väter und -Söhne gefallen sind, erhöhte sich hier die Anzahl der Bauernhäuser nur geringfügig, was bei der vorhandenen Bodenfläche auch möglich war!

Man erahnt daraus, dass Kriege ein Phänom des „Naturrechtes" (VB9) sind, ein vom „Lebenserfinder" zwecks Einbremsung ständiger Bevölkerungs-Vermehrung vorgesehener Plan, um Stabilität zu erreichen.

Ob uns das passt oder nicht, es ist leider eine „vom Naturrecht (siehe VB9) geplant Realität", wie uns die „BlackBox-Ausgangs-Seite" zeigt.

B8) Weitere Erfordernisse der Artenstabilisierungen

B8a) Anfänglich wurden die Maßnahmen zur Individuenzahl-Begrenzung verfeinert, indem die „Waffen der Raubgruppen" (wie Zähne, Krallen, Schnäbel, Giftstachel etc.) durch entsprechende GEN-Anpassung verbessert wurden; aber auch die Gegenmaßnahmen (friedlichen Gruppen) zur Entschärfung dieser Angriffs-Waffen wurden (durch Panzerung, Tarnung, Fluchtgeschwindigkeitserhöhung) entsprechend angepasst.

B8b) „Sinnesorgane" und „Verhaltensweisen" für Gefahr-Erkennung und -Vermeidung sowie für Angriff oder Verteidigung (wie Augen, Ohren, Nase, oder Rudelbildung, Totstellen bei Gefahr etc.) sorgen für das Überleben. Diese Organe stellen eine Ergänzung und Weiterentwicklung zu der naturrechtlichen Lebensvorsorge dar. (Siehe auch B10)

B8c) Anpassungsfähigkeit an Veränderungen der Umwelt

Bei Klimawandel durch Eis- oder Warmzeiten (circa alle 25000 Jahre) sowie Gebirgsbildungen, Feucht- oder Trocken-Perioden etc. kann es durch Lernprozesse und Auslese zur Gen-Anpassung mit geringfügiger Artenveränderung (nach Verhalten und Aussehen) kommen, bei der die Zugehörigkeit zur Gruppe aber nicht verloren geht. Größere Artveränderungen (z. B. vom Land-zum Flug-Tier) bedurften jedoch der „Mitwirkung des Lebenplaners" (siehe B5), da nicht nur der Bauplan geändert, sondern auch die zugehörigen Verhaltensfunktionen in den GENen angepasst werden mussten.

B8d) Nur in Extremfällen von Umweltkatastrophen (z. B. das Aussterben der Saurier durch Vulkanausbrüche) oder bei Unterdrückung einer Gruppe durch eine besser entwickelte kann es zur Auslöschung einer Gruppe kommen, die schon eine längere Epoche überlebt hatte, (wie z. B. das Aussterben der „Neandertaler"-Menschen vor 30000 J.)

B8e) Das Überleben der Einzelindividuen hingegen ist oft durch den Zufall bestimmt. Zwar gibt es auch hier langfristige Anpassungen der lebenszeit-bestimmenden Faktoren (wie Umwelt, Ernährung etc.) durch Auslese; aber man gewinnt bei dieser Betrachtungsweise den Eindruck, dass dem „Lebensplaner" der zeitlich, nachhaltige Bestand der Gruppen als Ganzes wichtiger ist (siehe Raubtierprinzip) als die persönliche Existenz des

Einzel-Individuums in der Gruppe! (Wie könnte man sonst das gleichgültige Verhalten des „Lebenserfinders" z.B. beim frühzeitigen Tod eines „unschuldigen" Kindes erklären?)

Die „Ohnmacht" (zur Ausschaltung extremster „Schmerzen") oder eine schmerzfreie „Schock-Starre" sowie der „Tod" sind (real gesehen) die einzigen „Mitleid"-Maßnahmen, die der „Lebensplaner" für Einzel-Lebewesen vorgesehen hat. Es ist daher verständlich, dass sich der (zu denken beginnende) Frühmensch eine „Glaubenswelt" zurechtgelegt hat, mit der er im Leben Zufalls-Missgeschicke, aber auch die für ihn negativen „Naturrechte"-Nachteile leichter ertragen konnte. Wenn jedoch (aus Glaubensgründen) das „Naturrecht des natürlichen Sterbens" (durch die moderne Apparate-Medizin) gesetzmäßig verhindert wird, werden künftig wegen Überalterung der Bevölkerung enorme soziale Probleme entstehen!

B8f) Die „Baupläne" der Lebens-Gruppen variierten im Lauf der Zeit, um verschiedene Lebensformen einer Art zu Wasser, am Land und in der Luft zu ermöglichen. (So gibt's z.B. den See-Hund, den Land-Hund und den Flug-Hund.) Das bedurfte infolge ihres komplexen Körperbaues (siehe B9a) und der Lebensfunktionen (siehe B9b) jeweils dem Mitwirken des „Lebenplaners": Waren die ersten Lebewesen noch „Weichtiere", so kamen später bei den Insekten „Chitinhülle" und bei größeren Tieren das „Knochengerüst" (zur Abstützung des Körpergewichtes) dazu. „Extremitäten" (zur raschen und sicheren Fortbewegung) wurden ausgebildet. Für Flugtiere gab es „Flügel" und „Federkleid", und für Landbewohner in kühleren Zonen wurde die „Behaarung" erfunden, und auch die zughörigen Verhaltensweisen vorgesehen (siehe B9b).

B9) „HARDWARE" und „SOFTWARE" des Lebens

Die aus dem Computerwesen stammenden Begriffe „HARDWARE" als Synonym für das Gehäuse samt elektro-mechanischer Einbauten bzw. die „SOFTWARE" für computersteuernde Programme aus Befehls-„Nachrichten" wollen wir hier auch auf das „Leben“ im übertragenen Sinn anwenden. Der Unterschied zwischen beiden Begriffen besteht in der Unvernichtbarkeit der „Hardware“ (man kann diese zwar in andere Materieformen umwandeln, aber nicht vernichten); hingegen lässt sich „Software“ vollkommen durch Auslöschung vernichten. Dieses ist deshalb möglich, weil es sich bei der Software um eine „Nachricht“ handelt (die nur durch die programmmäßige Anordnung von bestimmten Elementen existiert. Wird die Anordnung verändert oder zerstört, verschwindet auch die „Nachricht“, ohne Spuren zu hinterlassen). Analoges gilt für das Leben:

B9a) Die „HARDWARE“ eines Lebewesens besteht aus den phys. Bestandteilen seines aus Zellen aufgebauten Körpers. Während des Zellen-Wachstums werden (die durch Nahrung aufgenommenen) physikal. Moleküle (mittels der Software der Zellen) in Körperzellen eingebaut, wodurch diese zu „lebenden“ Zellen „mutieren“ und den Leib des Individuums ergeben. Nach dessen Tod (durch Zerstörung d. Hardware oder Software) werden die Lebensmoleküle von „Mikro-Raubtiere“ zerlegt und wieder zu toter Materie (die selbst unzerstörbar ist). Mit dem Absterben der „Hardware“ hat auch die „Software“ die Grundlage ihrer Existenz verloren und erlischt spurlos (da sie nur aus „Informationen“ besteht).

Wie hochkomplex-aufgebaut – ja anscheinend bewusst konstruiert – „Hardware“-Bauteile im Lebewesen sein können, sei am relativ einfachen Beispiel des sehr kompliziert funktionierenden „Bienenstachel“s erläutert: Diese Angriffs- und Verteidigungswaffe der Arbeitsbienen, die im Bedarfsfall zellenauflösendes Gift in die Wunde des Feindes einspritzt, funktioniert erst dann, wenn die Biene bereits tot ist. Wie genial „konstruiert“ deshalb der Bienenstachel und seine Anhänge sein müssen, damit das funktioniert, siehe Kapitel VB14.

B9b) Die „SOFTWARE“ eines Lebewesens (als Programm-Träger für den Aufbau und das Verhalten der Zellen) besteht aus dem „Bauplan“ und den „Steuerungs-Programmen“, die in den GENen (siehe VB9) seiner Körperzellen gespeichert sind.

Durch sie werden Funktionen des Zellenwuchses (je nach Art und Lage im Körper) gesteuert, so dass der (Hardware-) Körper des Lebewesens wachsen kann und die einzelnen Körperteile ihr Funktions-Programme zugewiesen bekommen. Für die software-mäßige Steuerung von automatischen Bewegungen im Körper (z. B. Atmung oder Herzschlag) sind „GEN"-programmierte „Organ"-Zellen verantwortlich. Automatische Reflex-Bewegungen zur Verhinderung von Körperschäden werden über die „Software der Sinne" über das Gehirn veranlasst, indem der Reiz aus einem Sinnesorgan über die Nerven eine Bewegung auslöst, die durch die Gene vorprogrammiert ist.

B9c) Die „Software"-mäßige Steuerung des „Bewusstseins", einschließlich „Gedächtnis", macht das „Leben" erst zum „ErLEBNIS". „Hardware"-artigen Nervenfasern des „Gehirns" mit ominösen „Software"-Eigenschaften, transformieren die Ereignisse aus der „physikalischen Außenwelt" in die körperinnere „Bewusstseins-Welt". So wird z. B. eine vom Auge aufgenommene (farblose) elektro-magnetische Lichtwelle im Bewusstsein als bunte Farbe wahrgenommen; oder eine gehörte Luftschwingung als Musik oder Sprache empfunden – wo sie bewusst erkannt und im Gedächtnisteil des Gehirns gespeichert werden können.

Das Bewusstsein ist das eigentliche „Lebens-Elixier", denn es kann durch die Nervenfasern der „Sinne" (siehe B10) zu Empfindungen, wie „Bildersehen", „Tönehören", aber auch zu „Schmerz-", „Angst-", „Lust-", „Freude-", „Wohlbehagen-", „Unlust-", „Leid-" „Müdigkeit-", „Mutlosigkeit-", „Abscheu", „Hunger-" etc. Empfindungen angeregt werden. Angenehme und lustvoll empfundene Gefühle können durch Steigerung und Gewöhnung zur lebensbedrohenden „Sucht" werden. Das sexuelle „Lust"-Gefühl zur Vermehrung der Individuen diente dem „Lebenserfinder" als nachhaltige Garantie zur Erhaltung der Rassen. Die „Ohnmacht" (= Ausschaltung des Bewusstseins) ist eine GEN-mäßig vorgesehene Schutzmaßnahme zur Schmerz- oder Leid-Begrenzung; kann aber auch (für medizinische Zwecke) medikamentös (bzw. in Shows als „Trance" immateriell) bewirkt werden, Hierbei grenzt offensichtlich Materielles mit Immateriellem eng aneinander. Zur physischen Erholung des Bewusstseins wird es im Schlaf „ausgeschaltet“, kann aber im „Unterbewusstsein“ teilweise als „Traum“ unkontrollierbar weiterfunktionieren.

B9d) Die „Denkprozesse“ des Bewusstseins steuern das Verhalten des Menschen in seiner Umwelt. Bewusstseins-Inhalte (wie „Freude“, „Liebe“, „Lust“, „Trauer“, „Angst“, „Schmerz“, „Erkenntnis“, „Planung“, „gespeicherte Erfahrungen“) können durch Denkprozesse aus dem Gedächtnis-Teil wieder ins Bewusstsein geholt werden. Wird die „Hardware“ des Gehirns durch den Tod des Individuums zerstört, verschwindet auch die im Gedächtnis gespeicherte Erinnerung auf ewig, wenn sie nicht in anderen externen Speicher (wie Bücher Fotos, Filme, elektronische Medien etc.) gesichert wurde. Ob es so etwas wie eine „software-artige“ unsterbliche „Seele“ beim Menschen gibt, die „ewig“ verfügbar und nach dem materiellen Tod „erlebt“ werden kann, ist eine reine Glaubensfrage und „real“ nicht beweisbar. Nur: Wenn man daran glaubt, muss man sich vor Augen halten, was „ewig leben“ bedeutet: (= für „alle Zeiten“ bewusst denkend in einem „Paradies“ zusammen mit Milliarden schon vor Christi Geburt Verstorbenen gleichartig „leben“ und unveränderbar genießen, sich langweilen, oder leiden zu müssen, ohne Notausgang in eine bewusstseinslose ewige Ruhe: Denn gestorben ist man ja schon. Und wie soll das Bewusstsein dort funktionieren: bei einem früh verstorbenen Kind, bei einem dementen Greis, oder einem streng Andersgläubigen. Oder kriegen alle das Bewusstsein und Wissen eines Genies im besten Alter? Ob das das Endziel des Lebenserfinders war, ist zu bezweifeln, denn dann hätte er sich wohl den Umweg über das mühsame materielle Leben sparen können?) Eine Wiedergeburt einer „verstorbenen Seele“ (mit den, aus dem vorherigen Leben gespeicherten Erinnerungen), an die manche Religionen glauben, halte ich für sinnlos, in Anbetracht der höchsten Intelligenz des „Lebensplaners“; denn das würde ja der erkennbaren Weiterentwicklung der Lebewesen widersprechen. Weil aber die in den GENen der Eltern gespeicherte Erfahrung zum Teil an der Nachkommen vererbt werden, könnte das eine „Wiedergeburts-Erinnerung“ vortäuschen.

B10) Die Erfordernisse der Lebenssteuerung

Damit Lebewesen nachhaltig existieren können, mussten sie mit Körperteilen ausgestattet werden, wie z.B. den Sinnesorganen, die zum Warnen oder Kommunizieren dienen, und mit einer zugehörigen „Steuer-Software“, die Gefahrensituationen an das „Gehirn“ des Lebewesens melden, worauf jenes eine Abwehr-„Reaktion“ veranlassen kann. Im einfachsten Falle: halbautomatisch programmierte Bewegung zur Flucht. Doch bei besser entwickelten Lebensformen hat das „Gehirn“ auch ein „Bewusstsein“ (s. B9c und VB12) samt „Gedächtnis“, mit dem es „wahr“-genommene Dinge erkennen und entscheiden kann, welcher Art die Reaktion sein soll. Doch dieses „Bewusstsein“ ist nicht von einer Bauart wie die Elemente der Materie-Welt des Alls, sondern ist vielmehr von einer (immateriellen, geistigen) Art wie die des Leben-Erfinders.

Die Entwicklungsreihe der SINNESORGANE (VB11) ist vielfältig: Waren es ursprünglich nur der „Tast- Geruch- Geschmack- und Schmerz-Sinn“, so kamen später eigene Organe für das „Sehen“ und „Hören“ dazu. Letztere sind bereits paarmäßig entwickelt (zwecks besserer Orientierung im Raum) und bedürfen eines speziellen Denkvermögens und „Bewusstsein“s für spezielle Reaktionen auf lebensbedrohende Umwelteinflüsse. Aus dieser Betrachtung ergibt sich der Schluss: Wer Augen (oder Ohren) hat, hat auch ein (mehr oder minder ausgeprägtes) Bewusstsein, sonst hätten ja die Augen oder Ohren keinen Sinn!!! So gesehen kann ein Tier keine „Sache“ sein (die man beliebig verwenden kann!). Erfolgreiche, nützliche Reaktionen (auf Umwelt-Eindrücke) werden in einem separaten Gehirnteil, dem „Gedächtnis“, gespeichert, so dass auch ein „Lernen“ aus Erfahrung möglich wird.

In den GENen (s. VB11) der „GEHIRN“-Zellen und seinen angeschlossenen „Nerven“-Fasern sind alle für die innere

Steuerung der Organe notwendigen Funktionen gespeichert, aber auch die „Software-artigen" Programme für das Verhalten des Lebewesens in der Umwelt (siehe B9c).

B11) Die Entwicklungsspeicher des Lebens (= GEN)

Zur Schaffung und Vermehrung von lebenden Individuen musste der „Lebensplaner" die „Eizelle mit ihren Chromosomen" (siehe VB9) erfinden.

Chromosomen sind hochkomplexe Molekülgruppen der Ribo-Nuklein-Säure (= RNA), die den (atom-)dünnen, jedoch meterlangen schraubförmigen (Doppel-)Faden (= DNA) enthalten. Solche DNA-Fäden bestehen aus (millionenfach aneinander gereihten) GEN-Abschnitten (aus der Kombination von 4 Arten von Riesen-Molekülen (A,T,G,C)), die sich selbst kopieren und teilen können und die die gesamte Software-Steuerung eines Individuums enthalten. Zu RNA-Fäden aufgewickelt, werden die Gene in (10-Mikrometer-kleinen, X-förmigen und daher nur im Elektronen-Mikroskop zu sehende) Stäbchen als Erbgut-CHROMOSOMEN im Zellkern gelagert, wobei die GENe die „Bau- und Funktions-Pläne", sowie die „Erbinformationen" der Lebewesen enthalten (siehe VB9).

B12) Entwicklung der Menschheit durch „humanistisches" Denken

B12a) Als vor 1 Million Jahren die „Frühmenschen" aus affenartigen Tieren weiterentwickelt wurden, bildeten sich vor 20-tausend Jahren aus Kleinfamilien erste VÖLKERstämme. Infolge verschiedener Sprachen-Ausbildungen in abgegrenzten Gebieten entstanden die ersten STAATen unter Führung eines Herrschers. Solche „*KÖNIGe*" entstanden nach dem (GEN-gesteuerten) „Naturrecht des Stärkeren" (siehe B5) in Rudelsführer-Art (wie bei den „Raubtier"-Gruppen) durch Konkurrenz-Kampf. Der anfänglich „körperlich Stärkere" wurde später durch den „geistig Stärkeren" ersetzt; aber oft auch durch den „Brutaleren". Sobald ein Herrscher seine Untertanen von seiner Führungs-Qualität „überzeugen" konnte, wurde er unterstützt und konnte „Krieg"e führen und sich auf Kosten der Überfallenen bereichern. (Man muss sich bewusst werden, was „kriegen" heißt: Man wird persönlich bereichert, das kann passiv oder aktiv sein. Wenn wer jedoch etwas mit militärischen Mitteln per KRIEG „kriegt", dann ist das „Aneignung von fremdem Gut mit Waffengewalt", was gegen eine ehrhafte MORAL verstößt.)

Allmählich wurden die Menschen sesshaft, um benötigte Nahrungsmittel zu produzieren, Bauern schufen Ackerland, Bürger bauten Städte (um die wachsende Menschenmenge unterzubringen) und erfanden Handwerk, Schifffahrt, Handel und das Geld sowie Gesetze und Religionen nach eigenem Gutdünken. Die Mehrgötter-Religionen (siehe VB13) wurden mehrfach erfunden, um das Wirken der Natur und die Herkunft des Lebens erklärbar zu machen. So wie bei den „weltlichen Machtzentren" kamen auch „religiöse Vertreter Gottes auf Erden" zu eigenständiger Macht über das Volk; wodurch oft Konflikte zwischen den Zentren, aber auch untereinander Glaubenskriege entstanden sind. Die Herrscher legten sich Heere zu, um mit Eroberungs-Kriegen Lebensraum für das anwachsende Volk zu schaffen. Gegen Konkurrenten mussten sie sich und ihr Reich mit „militärischen Mitteln" absichern; aber auch mit „rechtlichen Mitteln" schützen; wie mit selbst erfundenen, „humanistischen Gesetzen" für Gerichte (zwecks Durchsetzung der Gesetzesbeachtung mittels Strafvollzug) oder für die Religionen. Das „Naturrecht des Stärkeren" (siehe VB9) wurde zwischen den Herrschern der Völker angewendet, um zu mehr persönlicher Macht, Wohlstand und Ansehen zu kommen; aber auch um seine „Weltanschauung" durchzusetzen; daher werden seit eh und je (GEN-bedingte) „KRIEGE" geführt! Die Herrscher der letzten 3000 Jahre (wie Alexander der Große, Hannibal, Cäsar, Attila, europäische Kaiser des Mittelalters und die Machthaber der Neuzeit sowie koloniale-, politische- und religiöse Herrscher) „brachen Kriege vom Zaun", nachdem sie ihre Bevölkerung durch Propaganda oder Versprechungen kampffreudig gestimmt hatten. 100te-Millionen unschuldiger Kriegsopfer, zerstörte Städte waren das Ergebnis. Wiederaufbau kennzeichnete zwar die Zwischenkriegs-Phasen; doch letztlich ist jede Großmacht früher oder später zugrunde gegangen. In den ganzen Epochen der Entwicklung des denkenden Menschen hat sich bis heute eigentlich grundsätzlich nicht viel verändert, weil ja GEN-bedingt alle Kriege hauptsächlich nur zur Einbremsung der Bevölkerungsvermehrung dienten! (Siehe B7d1 und VB10)

B12b) Die „Könige" von einst sind heute längst durch politische oder religiöse Führer sowie Wirtschaftskapitäne ersetzt. So werden heute aus reinem Machtstreben Religionskriege geführt und andererseits aus Habgier Handelskriege inszeniert, wo die Reichen immer reicher und die Armen immer ärmer werden. Die Nahrungsmittel-Versorgung durch Bauern (die einst die Familien-Strukturen entstehen ließen, und die die MORAL zwecks Familienschutz erfunden hatten) ist großteils durch Agrar-Industrien ersetzt. Die durch das potenzielle Wachstum überschüssige Landbevölkerung siedelte sich in Städten an. Das Handwerk von einst wurde durch die Technik zu Fabrik-Konzernen; der Tausch-Handel zu Supermarkt-Konzernen, die Geldwechsler (der Bibel) zu Bank- und Börsen-Imperien. Das alte „Naturrecht zur Nahrungs-Vorsorge" wurde zur Geldanhäufung und Kapitalbildung erweitert; was eine entsprechende „Gier nach Gewinn und Löhnen" nach sich zog. Das „Naturrecht zur Verbesserung der Existenz und des Hausens" führte von der Armseligkeit allmählich zum stetig anwachsenden Überflüssigem. Sowohl durch die Vermehrung der Lebensmittelproduktion als auch beim ständig steigenden Verkehr mit immer schwereren und größeren Typen (aus Geltungswahn) kommt es zu einer erheblichen Belastung der Umwelt; die letztlich zu einer lebensgefährlichen KLIMA-Veränderung führt.

Die vermehrte „Digitalisierung" (siege B12d) der Arbeits- und Kommunikations-Welt vermindert zwar die körperliche (Schwer-) Arbeit (zumal auch immer bessere Maschinen die Arbeit schneller und genauer bewerkstelligen), schafft auch viele Arbeitsplätze für jüngere Frauen, die aber dann in der „naturrechtlichen" geplanten Kinderaufzucht fehlen. Die „Selbstverwirklichung" der Frauen und Männer führt immer mehr zu einem „Single"-

Dasein und frühzeitigem Zerfall der Familien (zumeist in den Städten), wobei dann meist die notwendige Erziehung zur Moral und zum Lernen „auf der Strecke“ bleibt (falls es keine aushelfende Großeltern-Familie mehr gibt!).

Das „Wirtschaftswachstum“ ist zum (Götzen-)Leitbild der nach „Wohlstand“ strebenden „modernen“ Menschen erhoben worden, um die nominelle Verdienstmöglichkeit zu erhöhen (was aber nur eine scheinbare Lebensverbesserung bringt, weil die daraus entstehende Inflation den Zugewinn wieder „auffrisst“!). Industrie- und Bank-Manager verdienen unkontrolliert sagenhaft, so wie auch Öl- und Waffen-Händler schamlos auf Kosten der Durchschnittsverdiener abkassieren. Dadurch klaffen die Einkommensmöglichkeiten zwischen „Arm und Reich“ immer weiter auseinander. Natürlich muss es Kapitalbesitzer mit Unternehmungsgeist geben, um Neues zu schaffen und der Bevölkerung Arbeit und Verdienstmöglichkeit (ohne Fron) zu bieten; nur darf die „gesunde Moral“ dabei nicht fehlen. Die bequemliche Fortbewegung per Auto, Bahn, Schiff oder Flugzeug ist eine Errungenschaft des Kapitalismus. Ein vernünftiger Mittelweg (der politischen Parteien) zu einer Sozialpartnerschaft mit moderater Kapital- und Markt-Wirtschaft wäre wünschenswert, so dass der erreichte Wohlstand der Bevölkerung erhalten bliebe. Doch das ungebremste Wirtschaftswachstum hält weiter auf Kosten der Umwelt-Belastung und Klima-Veränderung an.

B12c) Leider kommt in dieser Zeit noch der Krieg von archaisch islamischen Glaubenskriegern (IS) dazu, der aus dem „Nahen Osten“ enorme Flüchtlings-Ströme in die Wohlstands-Ländern in Europa bewirkt. Bei der Immigration dieser Flüchtlinge kommt es zu einer Meinungsspaltung in der Bevölkerung hinsichtlich deren Bewältigung: Die religiös, humanistisch oder sozialistisch geprägten „Gut“-Menschen wollen das Flüchtlingsleid mildern und sind zum Teilen ihres Wohlstandes bereit.

(Nur wird dabei das Problem des Heiligen Martin, der seinen wärmenden Wintermantel mit einem frierenden Bettler teilte, oft nicht gänzlich durchdacht: Hätten nämlich dort 100

Bettler gleichzeitig um Hilfe gebeten, hätte jeder nur 1 Quadrat-dm Stoff erhalten und „alle wären erfroren"!)

Die eher „real" denkenden Menschen hingegen sehen das Problem der Zuwanderung und Mischung von unterschiedlich kulturell geprägten, nicht integrierbarer Kulturstufen analog wie bei der „Legende vom hl. Martins-Mantel", zumal ja nicht nur ein paar 1000ende, sondern (aus Afrika) an die 100erte Millionen Wirtschaftsflüchtlinge nach Europa drängen; worauf letztlich auch hier „alle erfrieren" würden, wenn der Zuzug nicht gestoppt wird.

Es gibt leider kein Naturrecht (des Lebenerfinders) auf die sogenannten „unantastbare Menschenrechte", wie das „Raubtier-Prinzip" (siehe B7b) beweist, sondern nur das (GEN-gestützte) Naturrecht der „Hilfeleistung im Einzelfall".

„Menschenrechte für alle" (weil nach sozialistischen u. christlichen. Denken alle Menschen gleichartig geboren werden) stimmt grundsätzlich schon, sind aber ein Wunschtraum des „humanistischen Denkens", weil manchmal die naturrechtliche GEN-Mischung (von Raubtier-, Habsucht- und Genießer-GENen) „Ungute" Individuen kreiert, oder „Sekten-geprägte" Probleme machen, auf die der Schutz über die Menschenrechte besser nicht angewendet werden sollte, um die Allgemeinheit vor Schaden zu schützen.

B12d) Die „Digitalisierung von Kommunikation und Arbeit in allen Lebensbereichen" hat in den letzten Jahrzehnten rasante Formen angenommen und scheint unvorhersehbar grenzenlos weiterzuwuchern.

Das „Handy" (zum Kommunizieren und Fotografieren) und der „Computer" (für schriftliches Arbeiten, Geldgeschäfte, Kommunikation, Information, Steuerungen und Unterhaltung) beherrschen sowohl Arbeits- wie Frei-Zeit. Man benützt den PC (= Personal-Computer) sowohl für friedliche- und Kriegs-Zwecke. Digital-Geräte können von Jugendlichen (infolge deren hohen Merkvermögens) und von Erwachsenen mit entsprechender Ausbildung mühelos bedient werden; dagegen haben ältere Leute Schwierigkeiten damit und wissen gar nicht, was ihre Kinder oder Enkelkinder damit „anstellen“ können (wie Spielsucht, unerlaubte Einkäufe im Internet, Lausbubenstreiche von Insidern mittels „Viren“ zwecks Störungen von anderen Computern etc.)

Junge Leute kommunizieren nur mehr über die „vernetzten“ PCs von sogenannten „Sozialen Netzwerken“ (wodurch sich unkontrollierbare Verdienstmöglichkeiten für deren Betreiber durch Reklame-Verteilung ergeben), haben kaum noch realen Kontakt mit Gleichgesinnten in althergebrachter Form; können aber damit spielend Zusammenkünfte für Massenauftritte (z. B. Demonstrationen von Unzufriedenen samt „schwarzvermummtem Block“ der Zerstörer) organisieren, so dass die offizielle Politik oft überfordert ist. Wohin der rasante Fortschritt auf diesem Gebiet der „Elektronik“ noch führen wird, ist noch gar nicht abzusehen, zumal auch die „digitale Kriminalität“ (mittels Daten-Manipulation) rasant ansteigt. Es müssen immer kompliziertere Schutzprogramme für die Computer erdacht werden, um diese Kriminalitätsfälle in Grenzen zu halten.

Digital gesteuerte Roboter mit „menschenähnlicher Intelligenz“ sind im Vormarsch: DROHNEN (kleine ferngesteuerte Hubschrauber) können „alles“ fotografieren, Pakete bringen, aber auch für Kriegszwecke verwendet werden. AUTOs brauchen bald keinen Lenker mehr usw. Derzeit gibt der Mensch den ROBOTERN noch die Funktionsbefehle vor. Aber in absehbarer Zeit wird das „logische Denken“ der Roboter jenes der Menschen überholt haben, und dann ist womöglich der Mensch der Befehlsempfänger vom intelligenten Roboter, ohne dass er mehr diese Befehle auf ihre logische Richtigkeit überprüfen kann. Trotz all dieser im Punkt B12 aufgezeigten Entwicklungen der Menschheit sollte man die Hoffnung auf eine gute Zukunft nicht aufgeben!

B13) Der „CORONA“-Virus (Covid19)

Mitten in den Streitigkeiten der Wohlstandsländer um Vorteile im Welthandel, um Maßnahmen für den höchst notwendigen KLIMA-Schutz und um Probleme mit Religionskriegen und deren Flüchtlinge zu lösen, bringt ein winzig kleiner Virus (namens CORONA, SARS-CoV-2) die Wohlstands-Gesellschaft in ärgste Bedrängnis. Ausgehend von China befällt er (ab Februar 2020 mit 1000en Toten) über halb Asien ganz Europa und macht auch vor Nordamerika nicht halt. Ein Ausbreitungsende ist derzeit nicht in Sicht. Durch Tröpfchen-Übertragung von Mensch zu Mensch erzwingt er rigorose Ausgangssperrungen, legt die Wirtschaft der betroffenen Länder zu 90% lahm und bringt die Welt an den Rand des Ruins. Wie das endet, weiß niemand! Jedenfalls dürfte die Welt von „morgen" anders werden als die von „vorher"! (Zog da vielleicht der Lebensplaner die Notbremse?)

ABSCHNITT „C"

Es folgen nun die VORBEMERKUNGEN (VB), das sind Erläuterungen zu Begriffen, die in den Abschnitten „A"+„B" verwendet werden.

VB1) A PRIORI (= vor allen Anfang) muss es (einer Denknotwendigkeit zufolge) einen „Weltenplaner" gegeben haben, der den „Urknall" (siehe VB3a1) zwecks Erschaffung unserer Welt plante, sonst könnte ich diese Zeilen hier nicht schreiben. Viele werden sagen: Nun das war „der liebe Gott", wie wir von den Religionen her wissen. Aber woher wissen die Religionen das? Die im europäischen Raum etablierten Konfessionen sind (wie VB13a–c erläutert) mit der Sprache von Urmenschen erfunden worden; zunächst als Vielgötter-Religionen und später als die drei abrahamischen Eingott-Religionen (der Juden, Christen und Moslems). Leider widersprechen sich diese gegenseitig, und sind (infolge von Glaubens-Prägungen (VB16) der Weltanschauungen) nicht wirklich „REAL"; so dass selbst rational denkende Wissenschaftler die Diskussion dieses Thema vermeiden. Doch da gibt es schon vor dem Urknall die immateriellen Wissensdisziplinen, wie MATHEMATIK und GEO-

METRIE, oder die KAUSALITÄT mit ihren „Funktionen" (siehe VB7a), ohne deren Existenz der URKNALL nie hätte stattfinden können. Der „MATHE"- und „WELT"-Erfinder musste zunächst einmal die STÜCKELUNG von „Irgendwas" in gleiche EINHEITEN erschaffen, um diese zählbar, abwägbar, „berechenbar" und für das Werden der WELT „brauchbar" zu machen. Mathematik beherrscht das ganze Universum und lässt sich vom Menschen nicht erfinden, sondern nur „entdecken". Die „Verknüpfung" von diversen Wirk-„Dimensionen" mittels der „Kausalität" (s. VB7) über die „Zeit" (siehe VB2) schuf erst die Möglichkeit der Existenz von NATURGESETZEN, nach denen die Entwicklung einer leblosen Welt abläuft.

VB2) Die „ZEIT"

Die Existenz der ZEIT muss schon vor dem „Urknall" entstand sein, weil sie für die Schaffung der „Naturgesetze" notwendig war. Doch erst nach dem „Urknall" wurde die „Zeit" im Universum „real" wirksam, denn Orts- und Zustands-Veränderungen von „Objekten" (wie Materie-Urbestandteile und deren Kräfte sowie Strahlung) im Raum sind erst durch „die Zeit" möglich geworden. Es hat den Anschein, als hätte die „Zeit" erst im Zusammenhang mit der Ausbreitung der „Materie" den „Weltraum" aufgebaut (in dem sich die Materie immer weiter vom Urknall-Ausgangspunkt entfernt), so dass „der Weltraum" (so wie „die Zeit") keine „Grenzen" hat.

VB2a) Die ZEIT ist keine reale Dimension (= Durchmessbares), weil sie nur aus dem „Augenblick des Jetzt" besteht. Das, was landläufig als „Zeitdauer" erlebt wird, ist nur eine Aufsummierung der aufeinanderfolgenden, in unseren Gedächtnissen, als Erinnerung gespeicherten, erlebten Augenblicke; daher nur eine „Information" (die jederzeit löschbar ist).

Der reale „Augenblick" jedoch ist messbar: zunächst als Augenlid-Aufschlag, dann später als Belichtungszeit beim Foto (das eine Art „Gedächtnis" darstellt) bis hin zu den kürzesten physikalisch messbaren „ZEIT-Atomen" (= derzeit Einhunderttausendstel von Einer-Milliardstel-Sekunde). Der theoretisch kürzeste Zeitabschnitt ist die sogenannte „Planck-Zeit“ (mit 5 mal 10 hoch minus 44 Sekunden). Diese „Zeitatome“ ermöglichen es, dass „Kräfte“ eine Änderung der Geschwindigkeit oder der Richtung an Weltraum-Objekten (wie „Masse“ oder „anderen Kräfte“) nach dem Naturgesetz der „Kausalität“ (siehe VB7) bewirken können:

Dazu müssen aber die genannten, sehr kurzen „Zeitatome“ nochmals in paarweise-wirkende „Zeitatom-Hälften“ geteilt sein, um in der extrem kurzen „1. Hälfte“ eine URSACHE (wie z.B. Kraft) wahrzunehmen, um dann in der „2. Hälfte“ eine daraus folgende WIRKUNG (wie z.B. Beschleunigung oder Richtungsänderung am Objekt) hervorrufen zu können. Diese Teilung ist notwendig, damit die Zeit, die erfahrungsgemäß nur in Richtung vom „Einst“ zum „Jetzt“ verläuft, nicht auch nach rückwärtslaufen kann. Ein „Zeitatom-Paar“ entsteht offenbar am momentanen Bezugs-Standpunkt (s. VB5d) von „Geschwindigkeit oder Richtung eines Objektes“ (und entspricht etwa dem mathematischen Zeit-Differential). Vermutlich existiert es „real“ nur für dieses Objekt im „Augenblick der Gegenwart“; denn es verschwindet spurlos nach erfolgter Tätigkeit. Doch das nächste „Zeitatom“ folgt lückenlos nach sowie auch alle weiteren in Folge. Die Wirkdauer eines Zeitatom-Paares kann aber auch nicht beliebig klein (also = null) sein, weil es sonst keinen Richtungslauf der Zeit von der „Vergangenheit“ über die „Gegenwart“ in die „Zukunft“ gäbe. Der (durch die Zeitatome) getaktete Ablauf einer Bewegungsänderung durch die „Zeit“ kann „gespeichert“ werden (z.B. im Film oder im Gedächtnis), so dass man den „Kurvenflug“ oder die Geschwindigkeitsänderung eines Objektes nachträglich betrachten kann, obwohl die „verbrauchten Zeitatome“ nicht mehr existieren. Eine solche Speicherung im menschlichen Gedächtnis bewirkt das „Gefühl für den Zeitablauf“ im humanistischen „Denken“ von der „Vergangenheit“ bis in die „Gegenwart“. Die „Zukunft“ hingegen ist ein reiner Denkprozess, der zwar nach theoretischer Wahrscheinlichkeit berechenbar ist; aber „real“ nicht existiert. Real existent ist immer nur die Speicherung der „Augenblicke der letzten Zeitatome“:

Sie stellen nämlich den Zustand des Alls zum „Jetzt“-Zeitpunkt dar. Die verflossenen „Zeitatome“ haben zwar ihre Spuren an den Weltraumobjekten hinterlassen (z. B. fossile Ablagerungen), die erahnen lassen, wie die Zeitatome seit deren Entstehung gewirkt haben, doch erst nachfolgende Zeitatome haben das „Fossil“ zu dem gemacht, was wir „im Jetzt“ sehen. Verflossene Zeitatome sind nicht mehr real existent: können daher auch nicht mehr „real besucht“ werden; somit gibt es auch keine reale Möglichkeit einer Zeitreise in die Vergangenheit! Da die „Zeitatome der Zukunft“ noch nicht existieren, gibt es auch keine reale „Zeitreisen in die Zukunft“.

VB2b) Was man in der humanistischen Sprache als „Zeitdauer“ versteht, ist nur die Speicherung der von den Sinnesorganen wahrgenommenen und im Gedächtnis aufsummierten Eindrücke: Das sind die gespeicherten Zeitatomfolgen zwischen einem vergangenen Zeitpunkt und dem „Jetzt“. Diese Eindrücke sind vom Gedächtnis (mehr oder minder) jederzeit reproduzierbar, daher sind „gedankliche Zeitreisen“ in die Vergangenheit möglich.

Die sogenannte „Vergangenheit“ ist nur ein Produkt aus einem Speichermedium (wie Gedächtnis, Film, Papier etc.) zwischen Start- oder Endpunkt der Betrachtung. Falls diese Medien die Möglichkeit einer rückläufigen Darstellung haben (wie etwa ein Film oder elektronische Speicherung), kann damit ein scheinbarer Rücklauf der Zeit vorgetäuscht werden, was aber nur einen unrealen Show-Effekt ergibt. Physisch real ist nur die „Gegenwart“ im Augenblick des „Jetzt“, also das, was wir gerade sehen, hören, fühlen etc.

In der Gegenwart gespeicherte Bilder von weit entfernten Sternsystemen sind aber „reale Bilder von der Vergangenheit“ dieser Objekte, da deren realer Vergangenheitszustand in den überbringenden Lichtstrahlen zum Zeitpunkt der Absendung gespeichert und erst nach Millionen von Jahren im Augenblick der Beobachtung im „Jetzt“ real sichtbar wird.

VB2c) Um den „Ablauf der Zeit“ für technische oder organisatorische Aufgaben nutzen zu können, wurden „Zeiteinheiten“

eingeführt, die sich an periodisch wiederkehrenden Ereignissen in der Natur orientieren, z. B. an einer Erdrotationsdauer in Bezug auf weit entfernte Sterne als 1Tag (= 24 Stunden, wobei 1 Stunde = 60 Minuten; 1 Minute = 60 Sekunden hat); oder an der Schwingungsdauer von einer Dicke-Schwingung eines elektronisch-angeregten Quarz-Kristalles in den „Quarz-Uhren".

Man kann den Ablauf der Zeitatome-Folgen als gleichförmig (= linear) annehmen, [außer im Bereich von Schwarzen Löchern oder extrem schweren Massen] und mit technischen Mitteln sichtbar machen z. B. mit mechanischen oder elektrischen Uhren, Zeitschreiber et cetera.

VB3) URKNALL(a), MATERIEBAUSTEINE(b), RAUM(c) u. seine Singularitäten(d) (= null, unendlich) (d) sowie die MATERIE(e)

VB3a) Als „URKNALL" wird (nach Meinung der meisten Astronomen) jene spektakuläre „Explosion gigantischer Energiemengen" bezeichnet, durch die das materielle 3D-Weltall vor ca. 13.8 Milliarden Jahren entstanden ist. Die unvorstellbar riesigen Energiemengen waren auf kleinsten Raum konzentriert (was auch gut vorstellbar ist, da Energie aus „Kraft mal Weg" besteht, die Kraftlinien keinen Platz brauchen, und der Weg noch nicht vorhanden war.) Es müssen aber bereits vorher, „a priori" (s. VB1), Voraussetzungen geschaffen worden sein, die das Verhalten dieser „Sprengstoff-Urbestandteile" zueinander als „NATURGESETZE" festgelegt hatten: Dazu musste vermutlich der „immaterieller WELTPLANER" (mittels der immateriellen Mathematik) Materie- und Kräfte-Arten und deren Verhalten zueinander erfinden, diese auf kleinsten Raum konzentrieren und mit einem Zeitatom-Impuls die „Geburt des Weltalls" starten. Eine gigantische Explosion erzeugte die MATERIE-Urbestandteile und deren (teilchenbezogenen) KRÄFTE, indem der sich mit der Zeit aufweitenden Weltraum in alle Richtungen wuchs.

VB3b) In den ersten Sekunden der „Urknall"-Explosion entstanden die KERN-BAUSTEINE der Materie (wie z. B. elektrisch-positiv-geladenen Protonen, elektrisch-minus-geladene Elektronen, elektrisch-neutrale Neutronen und andere samt ihren eigenen Kräften), woraus später, im Laufe von 100ten Millionen Jahren, die ATOME unserer heutigen Welt mit ihren elektrischen und gravitativen Bindungs-Kräften sowie die elektro-magnetischen Strahlungen (z. B. Licht) entstanden sind.

Zu unserem Glück war die mathematische „Stückelung der Urbaustein-Arten“ jeweils gleichartig, so dass ihnen geplante Verhaltensweisen mit auf den Weg gegeben werden konnten. (Man stelle sich nur einmal vor, die Elektronen, die alle ununterscheidbar gleichartig sind, wären so unterschiedlich – wie Schottersteine am Flussufer – gebildet worden! Da wäre das Weltall ja nur ein undurchdringlicher Teilchensumpf geworden!)

VB3b1). Beim „Urknall“ entstand auch ANTIMATERIE, deren Anti-Atome sich ebenfalls untereinander gravitativ anziehen; sie werden jedoch von den normalen Atomen unserer Welt gegenseitig abgestoßen. Bei zwangsweisen Zusammentreffen löschen sich beide Atomarten gegenseitig aus und Energie wird frei. Beim Urknall entstand mehr „normale Materie“ als „Antimaterie“, so dass sich beide auf engstem Raum zunächst teilweise auslöschten. Die dabei freigewordene Energie beschleunigte das Auseinanderfliegen der Materie in den Weltraum beträchtlich. Der überwiegende Teil der normalen Materie wurde dann zur sichtbaren Sternenwelt. Reste der Antimaterie dürften als „Dunkle Materie“ im All infolge der Abstoßungskräfte beider Materiearten inselartig isoliert sein. Da Antimaterie-Teilchen auf der Erde aber nur sehr kurzlebig herstellbar sind, haben sie in unserer Welt kaum praktischer Bedeutung.

VB3c) Der WELTRAUM, den wir heute als Sternenhimmel sehen, dürfte zum Zeitpunkt des „Urknall“s entweder ohne Inhalt, also „leer“ gewesen sein, oder er ist erst mit dem Urknall entstanden. (Für Letzteres spricht, dass ein Raum ohne geringsten Inhalt kaum vorstellbar ist, da alle mathematischen Werte der Dimensionen = null sind, was so viel bedeutet, dass sie nicht existieren.) Die Urknallmaterie flog nach der „Explosion“ radial nach allen Richtungen hin auseinander und dürfte damit auch erst „den Raum aufgespannt“ haben. Als dann die Materie später Licht abstrahlen konnte, wurde der Weltraum erst durchsichtig und „sichtbar“; die Raumgrenzen durch das Licht von entferntesten Galaxien vermutbar. Von den Astronomen wird (auf Grund von Messungen der spektralen Rotverschiebung (s. VB4b) des Lichtes von wegeilenden Sternen) der entfernteste Teil der sichtbaren Sternenwelt auf 13.8 „Lichtjahre“ (LJ) geschätzt; das entspricht einer Entfernung, die das Licht von dort mit 300000 km/sec über einem Zeitraum von 13,8 Milliarden Jahren bis zu uns zurückgelegt hat. (Das ergibt eine Entfernung 13-mal 10 hoch 26 km = 1300 000000 000000 000000 000000 km.) Da diese Zahl unvorstellbar groß ist, rechnet man mit „Lichtjahren“, die aber kein Zeitmaß, sondern ein Wegmaß sind.) Da die entferntesten Galaxien die größte Fluchtgeschwindigkeit aufweisen, dürfte der All-Radius heute größer sein, weil die Rand-Galaxien inzwischen 13,8 Milliarden Jahre lang seit deren Sternlichtabsendung weitergeflogen sind.

VB3c1) Der sichtbare Raum wird durch die „Geometrie“ (wie die immaterielle „Mathematik“) erfasst. Er ist 3-dimensional konzipiert und kann mit einem Koordinatensystem aus 3 rechtwinkelig (= 90 Grad) zueinanderstehenden „Achsen“ ausgemessen werden, wobei man deren Kreuzungspunkt als Koordinaten-Nullpunkt und die Richtung von 2 Koordinaten-Achsen (z. B. die Sonnenrotationsachse nach Norden und eine 2. Koordinaten-Achse nach Osten) frei wählen kann.

(Eine Koordinaten-Achse ist eine gedachte gerade Linie, die von +unendlich über null bis minus unendlich reicht, und die mit einem Zählmaßstab versehen werden kann, wodurch man Entfernungen zwischen Objekt und dem Null-Bezugspunkt bestimmen kann. Koordinaten-Anteile der gleichen Richtung lassen sich addieren oder subtrahieren; so lässt sich damit der gegenseitigen Abstand von 2 Punkten im Raum vektoriell ermitteln).

2- oder 1-dimensionale Gebilde im Raum sind nicht „reale“, sondern nur mathematische Konstruktionen, da sie ohne 3. Dimension das Volumen = null haben (Der Wert „null“ bedeutet so viel wie „nicht existent“ zu sein).

Bei 4- oder mehrdimensionalen-Gebilden ist zu beachten, dass die zusätzlichen Dimensionen von anderer Art (z. B. Zeit) sind und daher auch nur mathematisch genutzt werden können.

Bei Rotation von „Masse"-Mengen im Raum gibt es durch den Massemittelpunkt eine Rotationsachse, die stabil (bei sonstiger Kräftefreiheit) in den Raum zeigt; z. B. bei der Erdrotation zum Polarstern (kann aber bei Einwirkung äußerer Kräfte zu einer „Präzessionsbewegung" à la Kinderkreisel führen).

VB3d) Der durch den „Urknall" entstandene Weltraum ist durch seine „SINGULARITÄTEN" begrenzt. Die „Grenzwörter" wie unendlich-klein, -groß, -mächtig oder -weit bezeichnen Begriffe, die sich der menschlichen Vorstellungskraft entziehen. Das Wertmaß „NULL" ist zwar ein mathematischer Begriff, mit dem man „rechnen" kann, besagt aber, dass das Bezugsmedium in der Realität der Natur nicht vorhanden ist, weil es keine Menge davon gibt. Ebenso existiert deshalb der Wert „UNENDLICH" real auch nicht (weil er der mathematische Kehrwert von NULL ist). Also Vorsicht beim Gebrauch solcher „Singularitäten". (So ist z. B. das Wort *„allmächtig"* sinnlos, das den „Allmächtigen" beschreibt, der einen so schweren Stein erschaffen kann, so dass er ihn nicht mehr aufzuheben vermag. Kann er ihn mit seiner Allmächtigkeit trotzdem aufheben, so konnte er ihn nicht schwer genug erschaffen!) Als Ausweg aus diesem Dilemma wurde in der Mathematik „das Differential" eingeführt, mit dem eine Distanzgröße in einer mathematischen Gleichung (mittels Reihen-Rechnung) gegen „null" gehen kann, ohne diese je zu erreichen. Durch die Rechenregeln der Differential- und Integral-Gleichungen wurden viele Einblicke in das Wesen der physikalischen Natur möglich. Aus der Unerreichbarkeit des Nullwertes folgt die notwendige Existenz von kürzesten „Zeitatomen" (siehe VB2a), oder kleinsten Raumvolumen („à la Urknall"), die „ungleich null" sind. Der Kehrwert dieser Raumgröße postuliert schließlich die Endlichkeit des Weltraumes.

VB3e) Die durch den „Urknall" entstandene „MATERIE" (siehe VB3a) wird in der Physik als „MASSE" bezeichnet. Sie ist mit gravitativen (= anziehenden) „Kräften“ versehen, so dass sich im Laufe der Zeit aus sich gegenseitig anziehenden Kleinstmengen zunächst „Asteroiden“ und später „Sterne samt Planeten“ bilden konnten: Ein massebehaftetes Objekt bewegt sich (im kräftefreien Raum) geradlinig und mit gleichbleibender Geschwindigkeit in jene Richtung, die von seiner Vorgeschichte vorgegeben ist. Erst die Einwirkung einer KRAFT (siehe VB4a unten) kann die Richtung oder Geschwindigkeit der Masse ändern. Die Einheit der physikalischen Masse „m“ ist jene Menge an Materie, die durch die Erdanziehung auf der Erdoberfläche einer Gewichts-Druckkraft von 1 kg erzeugt. (Das „Urmaß“ dieser „Masse“ wird als Metallkörper in Paris aufbewahrt).

VB3e1) In der humanistischen Sprache bedeutet „Masse“ dagegen eine vieldeutige Mengenangabe, die erst durch zusätzliche Worte eindeutig festgelegt werden muss, um Missverständnisse zu vermeiden.

VB4) KRAFT(a) GESCHWINDIGKEIT, (b) ENERGIE (c)

VB4a) „KRÄFTE“ sind in der „real-physikalischen Sprache“ jene schwer vorstellbare Ursache, die an Masse-Objekten entweder Geschwindigkeits- oder Richtungs-Änderungen bzw. Verformung bewirken können, wodurch sie erkennbar werden.

„KRÄFTE“ sind grundsätzlich unsichtbar, aber ihre Wirkung wird erkennbar durch die gedankliche Vorstellung von „Feldlinien“, die von ihrem Träger radial geradlinig abstehen, mit diesem untrennbar verbunden sind und mehr oder minder in weite Ferne reichen. In ihrer Längsrichtung können sie (gerichtete) Zugkräfte auf den Träger ausüben, quer dazu können sich die Kraftlinien von anderen (mit gleicher Zugrichtung) abstoßen, so dass ihre Verteilung um das Trägerteilchen radialsymmetrisch (à la Haubenquaste-Fäden) ist, wodurch die Summenwirkung aller Zugkraft-Feldlinien auf den Träger gleich null ist und der Träger in Ruhelage bleibt.

Wenn jedoch ein 2. gleichartiges Trägerteilchen in die Nähe des 1. gebracht wird, heben sich die abstoßenden Querkräfte der gegenläufigen Feldlinien (in der Verbindungslinie der beiden Teilchen) gegenseitig auf. Dadurch können die sich abstoßenden restlichen Zug-Feldlinien mehr zur Verbindungslinie schwenken, wodurch eine Zugkraft in Richtung zum 2. Teilchen entsteht. Da dort derselbe Effekt auftritt, nähern sich nun beide Teilchen an, so dass man durch diesen Effekt die Gravitationskraft erklären könnte. Wodurch die Zug- und Abstoßungskräfte in den Feldlinien letztlich bewirkt werden, bleibt weiterhin unbekannt. Quantenphysiker sprechen zwar von einem subatomaren Teilchenaustausch zwischen den Feldlinien, den man sich aber genauso wenig vorstellen kann.

Kreuzende oder parallele Feldlinien in einem Beobachtungspunkt können vektoriell addiert werden, wodurch die Summe der Feldlinienteile gekrümmt erscheinen kann.

Mit der Formel: KRAFT = MASSE mal BESCHLEUNIGUNG kann ein Formelwert bestimmt werden, wenn die beiden anderen Werte bekannt sind.

Man unterscheidet 7 physikalische Kraftarten:
die Gravitationskraft (siehe VB4a1),
die Trägheitskraft (siehe VB4a2),
die elektrische Kraft (siehe VB4a3),
die magnetische Kraft (siehe VB4a4),
die elektrodynamische Kraft (siehe VB4a5),
die Atombindungskräfte(siehe VB4a6),
die gefesselte Kraft (siehe VB4a7).

VB4a1) Feldlinien der „GRAVITATIONSKRAFT“ (gFL) gehen von einem „Masse“-Objekt aus, sind (im unbeschleunigten Fall) geradlinig, haben in Längsrichtung eine Zugkraft- und quer dazu eine Abstoßungskraft-Polarisierung, reichen bis in weiteste Ferne und sind mit dem Trägerobjekt untrennbar verbunden. Wie bereits unter VB4a erwähnt, entstehen durch die GRAVITATIONSKRAFT (die selbst kleinste, nahe stehende Materieteilchen zueinander wandern lässt) größere Masse-Teile, die dann entsprechend größere Anziehungskraft besitzen. Bei geeigneter räumlicher Anordnung können massetragende Staubwolken sogar zu Sternen und Sonnen heranwachsen. Wenn

Letztere an ihrem Lebensende explodieren, können sich abermals massereiche Staubwolken bilden, aus denen durch deren Gravitationskräfte abermals Sonnen mit Planeten samt Monden sowie Asteroiden und Kometen entstehen können.

Wenn ein 1. Masse-Objekt sehr groß wie z. B. die Erde ist, wird ein leichteres 2. Objekt ständig vom 1. Objekt angezogen und somit zur Erde hin beschleunigt; „es fällt daher auf die Erde". Die Fallbeschleunigung „g" auf der Erdoberfläche beträgt ~ 9,81 m/sec^2 das heißt, pro Sekunde erhöht sich die Fallgeschwindigkeit um ~ 10 m/sec). Wird der „freie Fall" durch Abstützung des 2. Objektes unterbunden, so wirkt die „Schwerkraft der Erde" als „GEWICHTs"-Druck der 2. Objekt-Masse auf ihre Abstützung. Falls die Abstützung elastisch ist (z. B. eine mechanische Feder einer „Federwaage"), so kann man aus der Verformung den Gewichtsdruck der abgestützten Masse ermitteln.

Die Gravitationskraft zwischen Erde und Mond hält Letzteren auf der Mond-Kreisbahn; weil die gleichgroße Bahnzentrifugalkraft (siehe VB4a2) die Erdanziehungskraft ausgleicht, fällt der Mond nicht auf die „Erde". Diese Gravitationskraft ruft auch die Gezeitenwirkung in den Meeren hervor [weil der Mond mit seiner Anziehungskraft auf der ihm gegenüberliegenden Erdseite einen „Wasserberg" (= Flut) aus dem Meer herauszieht. Da dieser Wasserberg mit der Erdrotation schneller voraneilt, als der Mond auf seiner längeren Bahn nachkommen kann, übt die Gravitation des Wasserberges eine kleine, aber ständig wirkende Kraft auf den Mond aus, wodurch er auf seiner Bahn tangential beschleunigt wird (schneller umläuft), die Flut aber gleichzeitig die Erdrotation etwas einbremst. So konnte sich der Mond durch seine erhöhte Fliehkraft von der Erde allmählich entfernen (~ 6 cm/Jahr), und die Erde wurde dadurch von einen 6h-Tag auf den 24h/Tag abgebremst.].

Ebenso hält die „Schwerkraft der Sonne" ihre Planeten auf stabilen, fast kreisförmigen Bahnen, weil die jeweilige, aus dem Planetenumlauf stammenden Zentrifugalkraft durch ihre Anziehungskraft neutralisiert wird.

Nach einer physikalischen Theorie von A. Einstein soll die Gravitationskraft durch die „Raumkrümmung" entstehen, die schwere Massen im All hervorruft. (Es wird als Vorzeigemodell dazu gern die von einer schweren Eisenkugel auf einem dünnen gespannten Gummituch erzeugte Mulde benutzt, auf der tangential laufende kleinere Kugeln sich so verhalten wie die um die Sonne laufenden und von ihr angezogenen Planeten. Das Dilemma ist nur, dass unter der Eisenkugel die Schwerkraft der Erde mitwirken muss.) Und wie soll man sich die „Krümmung“ eines „leeren“ Raumteiles vorstellen, in dem „nichts“ da ist, was man krümmen könnte. (Als Beweis für die „Raumkrümmung“ wird das sichtbare Licht eines fernen Sternes angesehen, das durch einen, genau davor stehenden näheren Stern abgedeckt sein sollte, aber durch dessen wirkende Raum-Krümmung trotzdem sichtbar ist, weil das am näheren Stern außen vorbeieilende Licht durch die Raumkrümmung wieder so hinter dem abdeckenden Stern zusammengebogen wird, dass man den entfernteren Stern trotzdem sehen kann. Die Lichtablenkung könnte aber auch von der lichtbeugenden Atmosphäre des nahen Sternes stammen; so wie bei unserem Abendrot?).

VB4a2)„ TRÄGHEITSKRAFT“ = „KINETISCHE KRAFT“ entsteht bei Änderung der Geschwindigkeit von „Masse“-Objekten aus der Änderung von deren Bewegungs-Energie. Sie ist als „Anfahr- und Bremskraft“ in Fahrzeugen allgemein bekannt, wo man im Auto beim Anfahren in den Sitz gedrückt wird und beim Bremsen am Haltegurt zerrt. Die Trägheitskraft verschwindet, sobald die beschleunigende Kraft wegfällt (oder durch eine gegenwirkende Kraft aufgehoben wird, z. B. im freien Fall).

Eine „Trägheitskraft“ entsteht auch bei Änderung der Flugrichtung der Masse und wirkt als „Zentrifugalkraft“ senkrecht zur Flugbahn nach außen. Gedanklich kann man sich die Entstehung dieser „Anfahr-Kräfte“ so vorstellen, dass die objektnahen Teile der (senkrecht zur Beschleunigungsrichtung ausgehenden) Gravitations-Feldlinien „gFL“ [VB4a1] in Bezug auf deren sehr weit entfernteren Teile voraneilen; denn Letztere „wissen“ ja noch gar nicht, dass die objektnahen Teile schon beschleunigt werden. Dadurch werden die betroffenen Gravitations-Feldlinien nach rückwärts verbogen, und üben daher eine Zugkraft entgegen der Anfahrrichtung aus. Sobald die Beschleunigung des Objektes verschwindet, stellen sich die Gravitations-Feldlinien (auf Grund ihrer gegenseitigen Abstoßung) wieder symmetrisch radial (so wie vorher im beschleunigungsfreien Raum). Die „BremsKraft" wirkt in umgekehrter Richtung, weil die entfernteren „gFL" weiter voraneilen, während die (durch die Bremsung) bereits zurückbleibenden, nahen „gFL" von den ferneren „gFL" aber so verbogen werden, dass sie eine KRAFT in Bewegungsrichtung bewirken. Fällt die Wagen-Bremskraft durch den Wagenstillstand weg, bewirkt der noch verbleibende Bremskraftanteil der Insassen einen Ruck in Fahrtrichtung.

Bei der Zentrifugalkraft in einer Bahnkurve werden die zur Flugrichtung parallelen „gFL" durch die Kurvenfahrt analog verbogen und ziehen mit ihren Zugkräften die Masse nach außen. Erst eine gleichgroße, entgegenwirkende Zentripetal-Kraft (z. B. die Reaktionskraft am Radspurkranz von der Schiene bei einem Fahrzeug) kann die Zentrifugalkraft neutralisieren und die kraftfreie Bahnkurve erwirken. (Da aber bei einem Schienenfahrzeug die Zentrifugalkraft der Kurvenfahrt durch die Reaktionskraft der Schiene nur für den Waggon aufgehoben wird, erleben die Wageninsassen die Zentrifugalkraft ihrer Person ohne Gegenkraft, werden dadurch zur Kurvenaußenseite gedrängt und müssen durch ein nach innen geneigtes Schiefsitzen über eine dadurch aus der Erdanziehung abgeleitete Gegenkraft die Wirkung der Kurvenfahrt-Zentrifugalkraft neutralisieren.)

VB4a3) ELEKTROSTATISCHE (KRAFT-)FELDLINIEN (esFL) sind am Träger der „Elektrischen LADUNGEN" (wie z. B. bei ELEKTRON od. PROTON) radialsymmetrisch gebunden und stoßen sich gegenseitig ab. Die „esFL" wirken als „elektrostatische Kräfte" kraftmäßig viel schwächer und reichen nicht so weit in den Raum hinaus wie die gravitativen gFL. Im Fall, wo die positiven und negativen Ladungsträger einander nahe stehen, gehen die Kraftlinien von der Positiv-Ladung aus und enden gekrümmt in der Minus-Ladung, wodurch die elektrische Anziehung vom Plus-Proton zum Minus-Elektron zustande kommt. Beim Zusammenstoß eines Elektrons mit einem Proton entsteht daraus ein el. neutrales NEUTRON.

Im ATOM ist ein Sturz des angezogenen, extrem kleineren „-"- Elektrons auf das größere „+"-Proton des Atomkernes nur deshalb kaum möglich, weil bei der geringsten Seitenabweichung der Anziehungsrichtung (beim relativ riesigen Abstand) zum Atomkern dieses in eine ellipsenförmige Umlaufbahn einschwenkt, wo sich seine Anziehungskraft mit seiner Zentrifugalkraft aufhebt.) Auf diese Weise konnten sich aus den nach dem „Urknall" entstandenen Protonen und Elektronen die ersten „Wasserstoff-Atome" bilden, wobei das schwerere Proton den Atomkern ergibt, und das umlaufende Elektron dessen Außenhülle darstellt. Die negative Ladung der Atom-Außenhülle stieß aber andere Wasserstoff-Atome ab, so dass sich zunächst nur ein Wasserstoff-Gas im Weltraum bilden konnte.

VB4a3a) Bei räumlicher Trennung der elektrischen „Minus-" und „Plus-Ladungen in „ELEKTRISCHE POLE" bewirken die elektrostatischen Feldlinien „esFL" der „freien Elektronen" in einem (die el. Pole verbindenden) „elektrische Leiter" (= Draht), dass die darin frei beweglichen Elektronen vom Minus-Pol zum Plus-Pol fließen, was den „elektrischen GLEICHSTROM" ergibt. (Der +Pol entsteht aber nur durch das Fehlen von freien Elektronen an dieser Stelle, weil dann dort die +Protonen der Atomkerne die +Ladung hervortreten lassen. Werden die stromverursachenden elektrischen Polkräfte ständig gewechselt, so entsteht hin- und zurück- fließender „elektrischer WECHSELSTROM", der auch durch elektro-magnetische Feldlinien „emFL" entstehen kann). Die gegenseitigen Abstoßungen von gleichnamigen elektrischen Feldlinien bewirkt eine gleichmäßige Verteilung der freien Elektronen in einem Leiter auf gleiche Distanz. Die gegenseitige Abstoßung zwischen +Protonen musste für die Bildung von schwereren Atomkernen (nach dem Urknall) durch riesige thermische Stoßkräfte überwunden werden, wodurch die Protonen so eng aneinander kamen, dass die kurzreichenden „Kernbindungskräfte" (siehe VB4a6) die Protonen im ATOMKERN stabil zusammenhalten konnten.

VB4a4). Die „ELEKTROMAGNETISCHE KRAFT“ (= EMK) ist eine der meist genützten „technischen Kräfte“, da sie zur Erzeugung und Anwendung von „Elektrischem Strom“ benötigt wird: wie z.B. für Kraft-, Wärme-, Licht-, Radio-, und Kommunikations-Anwendung sowie zum Speichern und Übertragen von Elektroenergie. Die EMK entsteht aus einem Wechselspiel der Bewegungsrichtungen „v“ mit den 2 elektrodynamischen Kraftlinien „esFL“ und „emFL“, wonach alle 3 Größen durch „Rückkopplung“ (s. VB6b) miteinander nach den Gesetzen der elektromagnetischen INDUKTION verbunden sind. Diese Gesetze sind in de MAXWELL-Gleichungen mathematisch erfasst, sind aber schwierig vorstellbar, außer man benützt die 3-Finger-Regel der rechten Hand, wo Daumen (= D), Zeigefinger (= Z), Mittelfinger (= M) im rechten Winkel zueinander abgespreizt werden: Wenn (die in einem Leitungsdraht) freibeweglichen Strom-Elektronen (durch gegenseitige Abstoßung oder edFL) vom elektrischen Minus-Pol zum el.+Pol fließen, und mit der Geschwindigkeit „v“ in Richtung des (D) bewegt werden, so erzeugen die radial vom Elektron abstehenden „esFL“, Teilstücke mit Richtung des(Z) entsprechende „emFL“ Teilstücke mit Richtung des (M). Letztere schließen sich zu einem Magnetfeld-Ring um den Leiter zusammen, so dass um den Leitungsstrom ein torusartiges Magnetfeld entsteht. (Falls der „elektrische Strom“ aus gleichartig umlaufenden Hüllen-Elektronen von magnetisierbaren Atomen stammt, entstehen Mini-Magnete, die sich bei Einwirkung eines äußeren Magnetfeldes zu einem „DAUERMAGNET“ zusammenschließen können.

Kurz gesagt: Rund um einen stromdurchflossenen Leiter entsteht ein ringförmiges Magnetfeld, aus emFL, das andere magnetische Felder anziehen oder abstoßen kann.

VB4a5) Das ELEKTRODYNAMISCH FELD, „edFL“

Im Fall einer Strom-Unterbrechung („v“ = null) erzeugen die „esFL“ keine „emFL“ mehr, und das torusartige Magnetfeld „emFL“ bricht zusammen, indem sich die ringförmigen „emFL“ infolge ihrer inneren Spannungen zusammenziehen und dadurch radial zum Leiter zurückkehren. Diese Rückbewegung erzeugt (nach der 3-Finger-Regel) eine „elektrodynamische Spannung" edMK aus „edFL"-Feldlinien mit einem imaginären) +Pol an der Vektorspitze und Minus-Pol am Ende) wie folgt:

Teilstücke des „emFL"-Magnetringes mit Richtung des (M) werden mit „V"m in Richtung des (D) zum Leiter bewegt, wodurch Teilstücke eines elektrodynamischen Feldes „edF" aus den „elektrodynamischen Feldlinien „edFL" in Richtung des Z) entstehen. Diese „edFL"-Feldlinien erzeugen eine „elektrische Spannung" mit (imaginären +Pol an der Spitze und Minus-Pol am elektr. Vektorende), die freie Elektronen bewegen kann. Durch diese Spannung (ohne reale elektrische Pole) wird der abgeschaltete Strom kurzzeitigen weiterfließen, was man z. B. als Abschaltfunke am AUS-Schalter beobachtet werden kann. Das EMK-Feld zieht sich nach Verschwinden aller „emFL" im Leiter, wegen Wegfall der Aufbau-Ursache von selbst wieder zusammen; worauf durch Verschiebung neue „emFL" entstehen können, und das Wechselspiel zwischen „verketteten" edFL--Feld und emFL-Feld von neuen beginnen kann.

Kurz gesagt: Bei Leitungsstrom-Verminderung bricht das konzentrische Magnetfeld um den Leiter zusammen und kehrt in den Leiter zurück. Es erzeugt (in der ehemaligen Stromrichtung) ein (elektropol-loses) elektrisches Spannungsfeld EMK, das ohne Folgestrom ebenfalls erlischt.

VB4a5a) Falls der (ursprünglich betrachtete) Leitungsstrom die Richtung rasch wechselt, entsteht ein „Wechselstromimpuls" mit nun umgekehrt gepolten, konzentrischen emFL-Magnetfeldringen um den Leiter. Diese gegenläufigen Magnetringe hindern nicht nur die ursprünglichen, „emFL"-Ringe an deren Rückkehr in den Leitungsdraht, sondern weiten sie noch auf und drängen sie nach außen, so dass sie sogar „platzen", und sich in eine ringförmige Reihe von kleinen, in sich geschlossenen, jedoch radial wegeilenden (und sich gegenseitig abstoßende) „emFL-Kugeln" verwandeln. Durch die „elektromagnetische INDUKTION" (s. VB4a4) entstehen dann jeweilig pol-lose „edFL" Feldlinien (in Leiterrichtung) als „elektro.-dyn. Achsen" für die sich induktiv verkleinernden „magn.-dyn. Kugeln". Nach dem Induktions-Gesetz entsteht nun eine Schwingungsfrequenz, mit der die „el.-dyn Achsen“ abwechselnd mit den (radial vom Leiter wegeilenden) „magn.-dyn. Kugeln“ ständig die Wirkrichtung ändern. Diese elektrodynamischen Gebilde könnte man daher „RADIONEN“ nennen, weil sie vom Draht radiale elektro-dynamische Impulse abstrahlen.

Bei der nächsten Halbwelle des Wechselstromes (im Leiter) entsteht (wie vorhin beschrieben) eine weitere, nach außen drängende Reihe dieser „em. Kugelringe“, jedoch mit umgekehrten Polarisierungen – und so weiter bei jeder weiteren Wechselstromwelle. Die vom Leiter in eine bestimmte Richtung wegeilenden „RADIONEN“ können zum Entstehen einer „elektromagnetischen STRAHLUNG“ beitragen, die ab einer gewissen (Mindest-) Wechselstrom-Frequenz ausgestrahlt werden kann.

VB4a5b) Bei einer hohen Wechselstrom-Frequenz-Rate im Draht werden die (durch el.-mag. Induktion erzeugten) elektromagnetischen Kreise nach außen gedrängt, zerplatzen (bei zu großer Aufweitung) zu „RADIONEN“ und werden als elektro-magn. „RADIO-PARTIKEL“ vom Stromleiter abgestrahlt; wo dann in geeigneten, stationären el.-mag. Feldern auch „el.-mag. WELLEN“ entstehen können. (Siehe „El.-mag. WELLEN“ (VB6c))

Diese Radio-Partikel haben für Radiozwecke im elektromagnet. Frequenzspektrum eine relativ niedere Frequenz (im Vergleich zu der Wärme- oder Lichtstrahlung) und können beim Auftreffen auf Metall (z. B. Antennen-Draht) darin el.-magn. „Wellen“ (siehe VB6c) in diesem Medium auslösen; die wiederum Wechselströme im Draht bewirken, welche hörbar gemacht werden können. Auf ähnliche Weise entstehen anscheinend auch LICHT-PHOTONEN, wenn ein Elektron [mit seinen esFL] im Atom von seiner Umlaufbahn auf eine höhere [thermisch] gestoßen wird und wieder zurückspringt. Dadurch bildet sich (nach dem Induktionsgesetz) ein „induktiver Wechselstrom-Impuls“ aus, der in der Form eines winzigen „emFL“-Magnet-Ringes samt mitschwingender „edFL“ Elektro-Achse (ähnlich wie beim vorhin genannten RADION) als „PHOTON“ vom Atom mit Lichtgeschwindigkeit „c“ (= 300000 km/sec) abgestoßen wird.

Die Rückkopplungseigenschaften beider FL-Arten (edFL + emFL) halten das (vom Atom radial abgestoßene) Photon mit der erzeugenden Sprungfrequenz des Elektrons gegenseitig (falls ungestört) „ewig am Leben". Das praktisch masselose Photon wird von den „mFL" des Atoms mit Lichtgeschwindigkeit in den Raum hinausgeschleudert. Wenn die thermische Anregung des Atoms anhält, werden fortlaufend – und in rascher Folge – solche Photonen (nach dem Zufallsprinzip) in alle Richtungen des Raumes geschossen, so dass das Atom eine sternförmige Licht-Ausstrahlung abgibt. Folge-Photonen, die zufällig in dieselbe Raumrichtung abgeschossen werden, ergeben so einen „LICHTSTRAHL", der erst beim Auftreffen auf Materie dort elektromagnetische Licht-Wellen (siehe VB6c) auslösen kann, die entweder in Wärme oder auch in el.-mag. Fotos umgesetzt werden können.

Im „leeren Raum" gibt es keine „Lichtwellen", weil „Wellen" (s. VB6c) nur mittels stationären (schwingfähigen) „Träger"-Feldes existieren können wie z. B. „Luft" bei Schallwellen, oder „Wasser" für Wasserwellen). Im All erfolgt die Lichtausbreitung über strahlenförmige Photonen-Ströme, die beim Auftreffen auf Materie in den dort vorhandenen el.-mag. Feldern solche elektro-magnetische Wellen auslösen können (wie z. B. bei el.-mag. Feldern im Hohlleiter, Lecherleitungen oder Glas). Im leeren Weltraum ist aber kein massegebundenes Trägerfeld für elektro-magnetische Wellen vorhanden! Es gibt dort nur die (oben erwähnten) vom leuchtenden Atom ausgehenden LICHTSTRAHLEN, aber keine Lichtwellen!

Je nachdem, von welchen Elektronenbahnen die Sprünge im strahlenden Atom stattfinden, ergeben sich für die einzelnen Atomarten charakteristische Schwing-Frequenzen, die vom Auge als Lichtfarben des Spektrums wahrgenommen werden. Jedes Photon hat seine eigene Spektralfarben-Frequenz. Sind aber gleichzeitig viele verschiedene Atomarten thermisch angeregten, so werden die Lichtstrahlen als „farbloses", „weißes Licht" (welches sich bekanntlich aus der Summenfarbe aller sichtbarer Spektralfrequenzen ergibt) vom Auge wahrgenommen.

VB4a5c Im Atom umkreisen negativ geladene Elektronen den mit positiv geladenen Protonen bestückten Atomkern in verschiedenen gelagerten Bahnen, wodurch winzige elektrische Kreisströme entstehen, die auch jene oben erwähnten, torusartigen MAGNETfelder im Miniformat erzeugen. Im Normalfall sind die Elektronenbahnen in verschiedenen Richtungen gelagert, so dass sich ihre magnetischen Felder gegenseitig aufheben. Wird jedoch bei gewissen magnetisierbaren Atomen (wie Eisen oder Nickel) ein äußeres Magnetfeld angelegt, so schwenken die Elektronen-Kreisströme in die gleiche Richtung ein und es entsteht durch das Zusammenwirken der vielen gleichlaufenden Kreisströme ein kleiner DAUERMAGNET, der auch nach dem Verschwinden des äußeren Magnetfeldes erhalten bleiben kann. Durch das Zusammenwirken vieler solcher atomarer Dauermagnet entstehen Summen-Magnetfeldlinien, die in sich geschlossen sind. Sie erzeugen im Inneren des Dauermagneten einen vom oberen, dem sogenannten „magn. Plus-Pol", zum unteren Ende, den sogen. „magn. Minus-Pol", verlaufenden magn. Kraftlinien-Fluss, der sich dann außerhalb des Magneten (wieder torusförmig) zum magn. Nordpol wendet und dort schließt. Obwohl es keine „magnetischen Ladungen" (à la elektrische Plus- und Minuspole) gibt, ziehen sich magnetische Plus- und Minus-Pole an; und gleichnamige magnetische Pole stoßen einander ab. Die Magnetpole liegen dabei an den Atomkreisstrom-Achsen-Enden.

Eine ähnliche magnetische Wirkung wie beim Dauermagnet kann man auch mittels eines Gleichstrom-durchflossenen Drahtes erreichen, der in vielen Windungen zu einer „elektrischen Spule" aufgewickelt ist. Die so erzeugten „magnetischen Pole" werden z. B. zum Betrieb von Elektromotoren, „elektr. Schaltern" (z. B. RELAIS) oder Alteisen-Kränen benützt, ja man kann damit sogar ganze Eisenbahnzüge zum Schweben und reibungslosen Fahren bringen.

VB4a6) Die ATOMBINDUNGSKRÄFTE zur Bildung von Atomkernen aus den Kernbestanteilen haben nur eine kurze Reichweite, die aber ausreicht, um die (sich infolge ihrer gleichnamigen elektrischen +Ladungen abstoßenden) Atomkern-Bestandteile (wie +Protonen und ladungsneutrale Neutronen) stabil zusammenzuhalten. Die gegenseitige Abstoßung zwischen

+Protonen musste für die Bildung schwereren Atomkernen (nach dem Urknall) durch riesige äußere thermische Stoßkräfte überwunden werden, wodurch die Protonen so eng aneinander kamen, dass die kurzreichenden „Kernbindungskräfte" die Protonen im ATOMKERN stabil zusammenhalten können.

Die Funktion dieser Kräfte wurde beim Bau der ersten Atombombe erforscht, als man durch Einwirkung von Explosionsenergie auf geeignete Riesenmoleküle (wie Plutonium) deren Kernbindungskräfte aufspalten konnte, wodurch die elektrischen Abstoßungskräfte der +Protonen die Atomkernbestandteile in alle Richtungen schleuderten. Die nun ebenfalls freiwerdenden Neutronen verursachten weitere Kernspaltungen, so dass durch die gigantische Anzahl der Atombomben-Moleküle riesige Mengen an kinetischer- und Strahlungs-Energie bei der Kernspaltungs-Atombombe*n*-Explosion freigesetzt wurden. Eine Weiterentwicklung brachte die Wasserstoffbombe, die ihre Energie aus der Kernverschmelzung von „H"-Atomen zu „He"-Atomen (ähnlich wie bei der Sonnen-Strahlungsenergie) bezieht. Andere Atomkräfte, können z. B. den Zusammenschluss von Atomen zu Molekülen ermöglichen, oder die Anzahl und Belegung der Elektronenbahnen im Atom steuern. Die Erforschung dieser kleinsten Kräfte erfolgt mittels der schwer durchschaubaren Quantenmechanik.

VB4a7) GEFESSELTE KRÄFTE entstehen, wenn eingeprägte Kräfte in ihrer Funktion (im freien Raum) durch statische Gegenkräfte neutralisiert werden. Zum Beispiel wird die Kraft einer gespannten Armbrust-Feder durch die Gegenkraft des Abzughahnes „gefesselt". Fällt die Sperrkraft weg, so kann die gefesselte Kraft voll ihre innewohnende Energie umsetzen. Speicher-Stauseen enthalten gefesselte Gravitationskräfte, die über Wasser-Turbinen in elektrische Energie umsetzbar sind. Chemische Sprengstoffe oder Atomkerne etc. enthalten gefesselte Kräfte, die man nicht unmittelbar wahrnimmt. Ebenso die gespeicherte elektrische Spannungskraft in Strom-Batterien, die über elekt. Widerstände gedrosselt einen el. Strom abgeben. Werden jedoch die Batterieklemmen „kurzgeschlossen", erfolgt eine explosionsartige Energie-Freisetzung.

VB4a8) Das Wort „KRAFT“ in der „humanistischen Sprache“ wird vieldeutig benutzt und bezeichnet z. B. die Möglichkeit einer raschen Umsetzung von gedanklichen Befehlen in reale Handlungen oder auch das Ergebnis von Muskel-Aktivierungen. Es kann auch als Ersatz für „wegen“ verwendet werden; oder für „Energiespender“, „Helfer“ etc. Kurzum, es hat so viele unpräzise Anwendungen, dass eine genauere Bedeutung erst durch zusätzliche Erläuterungen erfolgen muss. Es sind daher Verwechslungen oder Fehlauslegungen leicht möglich.

VB4b1) Die GESCHWINDIGKEIT eines im Weltraum bewegten Objektes ergibt sich aus der mathematischen Berechnung von zurückgelegter „Weglänge (s)“ dividiert durch die benötigte „Zeitdauer (t)“: „Geschwindigkeit“ („v“) = (s) dividiert durch (t), v = s/t. Dieser, in der Physik und Technik sehr wichtige Begriff hat aber nur dann einen realen Sinn, wenn ein beliebig festlegbarer „Geschwindigkeits-Bezugspunkt“ (GBP) definiert und festgelegt wird. Dieser GBP ist meist der Standort der messenden Person und hat die Geschwindigkeit v = null. Alle anderen Körper im Raum bewegen sich relativ zu diesem GBP: Es gibt keine „absolute Geschwindigkeit“,[außer „c“] sondern nur „relative Geschwindigkeiten“. Z. B.: Ein im fahrenden Auto Beobachtender hat die Geschwindigkeit v = 0. Ein vor ihm fahrendes schnelleres Auto hat eine positive Geschwindigkeit, fährt also davon. Ein hinter ihm fahrendes langsameres Auto hat eine negative Geschwindigkeit; fährt also in umgekehrter Richtung vom GBP weg. Doch alle 3 Autos haben dieselbe Fahrtrichtung für einen GBP am Fahrbahnrand sowie jedes seine eigene Geschwindigkeit bezüglich des Geschwindigkeits-Bezugs-Punktes GBP (weil man die Geschwindigkeitsvektoren parallel in den GBP verschieben kann). Diese Überlegungen scheinen trivial: Doch wird bei der Außendung von Lichtphotonen eines relativ zur Erde sich mit „vSt“ bewegenden Sternes oft vergessen, dass der GBP im Licht aussendenden Stern liegt und das Licht-Photon von dort mit der konstanten, absoluten Licht-Geschwindigkeit c (= 300.000 km pro sec) abgesendet wird. Für einen GBP auf der Erde ist dem Photon-Geschwindigkeit Vektor der Relativ-Geschw. Vektor (der Erde zum Stern) zu addieren; somit kommen das Photon und seine Sternlicht-Frequenz mit c + vSt oder c – vSt auf der Erde an; also größer oder kleiner als c an, wie es auch in der Spektrallinienverschiebung nach ROT oder BLAU nachweisbar ist, so dass man daraus die relative Sternbewegung -vSt in Bezug auf die Erde berechnen kann.

VB4b2 Im humanistischen Sprachgebrauch wird die „GESCHWINDIGKEIT (v)" gern salopp mit „Stundenkilometer" (v= Zeit mal Weg, statt Zeit/Weg) benannt; was Realisten fast so stört wie ein arger humanistischer Rechtschreibfehler.

VB4b3) Die Änderung der Geschwindigkeit (v) eines Objektes (bezogen auf dessen Bezugspunkt) wird als BESCHLEUNIGUNG „b" bezeichnet und gibt an, um wie viel sich der Wert von „v" in jeder Sekunde ändert:

Ist „b" positiv, so wird „v" ständig erhöht; negatives „b" bremst und vermindert „v" ständig, oder kehrt sogar die Richtung von „v" um. Bei „v" = null, befindet sich das Projekt (in Bezug aus seinen GBP) in Ruhe, oder es eilt (in Bezug auf andere GBPs) mit gleichförmiger Geschwindigkeit geradlinig im Raum dahin.

Die Geschwindigkeitsänderung (b) wird durch eine Kraft (siehe VB4a) bewirkt, die genau in Richtung der Bewegung zielt (oder bei Schrägangriff, die um Cosinusalpha verminderte Kraftkomponente in dieser Richtung), und solange sie auf das Objekt einwirkt, lässt sie dieses immer schneller bzw. langsamer werden. Die Gravitationskraft der Erde bewirkt eine Fallbeschleunigung von ~ 10 Meter/Sec. (Das heißt z. B.: Nach 5 Sekunden im freien Fall hat das losgelassene Objekt bereits eine „v" von 50 m pro Sekunde; die Fallstrecke beträgt in diesem Fall schon 125 m.)

VB4c) Die ENERGIE

Das Wort „ENERGIE" hat im öffentlichen Sprachgebrauch mindestens 6 unterschiedliche Bedeutungen; was oft zu falschem Verständnis führt. Die „humanistische Sprache" versteht unter „humaner Energie" die Fähigkeit des Bewusstseins, gedachte Befehle des Menschen in konkrete Tätigkeiten möglichst rasch umzusetzen; was oft verwechselt wird mit der phys.-chem. Energie von Lebensmitteln, die in den Muskeln „Kraft“ erzeugen können. Leider wird das Wort „Energie“ auch für pseudo-wissenschaftliche Bereiche verwendet, etwa in der Astrologie, Parapsychologie etc.

Im real-physikalischen Sprachgebrauch bedeutet „ENERGIE“ = gespeichertes Arbeitsvermögen.

Da der Betrag der „Arbeit“ aus der am Objekt wirkenden „Kraft“ mal dem vom Objekt zurückgelegen „Weg“ (gegen die Kraftrichtung) berechenbar ist, können die verschiedenen Energie-Arten am Objekt ermittelt werden. So wie es 6 verschiedene Kraftarten (s. VB4a) gibt, existieren auch 6 analoge Energie-Arten. Grundsätzlich ist erfahrungsgemäß ENERGIE nicht vernichtbar, sie kann nur von einer Energie-Erscheinungsform in eine (oder mehrere) anderer Art umgewandelt werden (wobei die Summe aller Energieformen bei einer Energieumwandlung in einem abgeschlossenen Betrachtungsraum konstant bleibt).

VB4c1) Die Änderung (= Zunahme oder Verminderung) der „KINETISCHE ENERGIE (kE)“ einer Objektmasse (m) kann berechnet werden, wenn eine ständig in Wegrichtung wirkende Kraft „K“ das Objekt so beschleunigt über eine Wegstrecke „s“ bewegt, dass am Ende, nach Wegfall der Kraft, die Endgeschwindigkeit der Energie-Änderung „v“ erreicht ist:

[kE= m mal $v^2/2$]. Da „v“ nur einen Sinn hat, wenn ein Geschwindigkeits-Bezugs-Punkt „GBP“ (siehe VB4b1) festgelegt ist, gilt die „kE“ auch nur für diesen GBP. Werden mehrere GBP gleichzeitig betrachtet, kann dasselbe Objekt ebenfalls mehrere verschiedene kinetische Energie-Werte aufweisen, die aber erst im Fall eines Kräfte-Austausches mit einem anderen Körper wirksam werden.

Umgekehrt können bei plötzlicher Abbremsung des Objektes Kräfte aus der „kinetischen Energie“ freiwerden, die im Fall eines Crash Zerstörungen bewirken. In diesem Fall liegt der zugehörige (GBP) im gemeinsamen Schwerpunkt der kollidierenden Massen.

VB4c2) Die „GRAVITATIVE ENERGiIE(=gE)“ benützt die ständig wirkende Anziehungskraft zwischen 2 Masseobjekten. Ist das 1. Objekt (z.B. die Erde) wesentlich schwerer als das 2., so spricht man von der „Schwerkraft“, die das 2. Objekt im freien Fall bis auf die (Erd)-Oberfläche des 1. hinunterfallen lässt, wo auch dann beim Aufprall die erworbene kinetische Energie (kE) wieder in andere Energieformen (wie Wärme, Rückprall, Zersplitterung etc.) umgewandelt wird. Man kann den Aufschlagspunkt als „NULLPOTENTIAL“ der „gE“ bezeichnen, weil hier nach dem Crash die gE = null ist. Wird das 2. Objekt von dort durch eine äußere Kraft „K“ entgegen der Schwerkraft über eine Wegstrecke „s“ angehoben, so ergibt das ein neues „ENERGIEPOTENTIAL“ (gE=K mal s); doch muss nach Wegfall der Hubkraft das 2. Objekt gegen das Herunterfallen abgestützt werden. Es handelt sich sodann um „Gefesselte Energie“ (siehe analog VB4a6).

VB4c3) Die „ELEKTROMAGNETISCHE ENERGIE (emE)“ beruht hauptsächlich auf der gegenseitigen Abstoßungs- oder Anziehungs-Kraft von in sich geschlossenen Magnetfeldlinien (siehe VB4a4) und kann als Kraftlieferant für Elektromotoren, Relais etc. sowie zur Transformation von Wechselstrom technisch genutzt werden, wodurch auch ein leitungsgebundener Energietransport über weite Strecken ermöglicht wird.

Die „Strahlungsenergie“ besteht aus dem Wechselspiel von elektrodynamischen und magnetischen Feldlinien, wie z.B. bei Photonen, Radio- oder Wärme-Strahlung. Wenn elektro-magnetische Strahlung mit Materie kollidiert, kann sie dort elektromagn. Wellen (s. VB6c) auslösen oder auch mechanischen bzw. elektrischen Druck ausüben; so werden z.B. die Wasserstoff-Atome der Sonnenoberfläche durch den Strahlungsdruck der Sonnenstrahlen weit nach außen gedrängt, wodurch die Sonne viel größer erscheint, als es ihrer Masse entspricht.

VB4c4) Das WORT „ENERGIE“ in der humanistischen Sprache wird so vielseitig und ungenau verwendet wie das Wort „Kraft“ (siehe VB4a). Zunächst bedeutet es so viel wie „Tatkraft“ beim menschlichen Wirken. Die „chemisch-phys. Energie“ der Ernährung wird als „Brennwert von Lebensmittel“ kundgetan. Im spiritistischen Sinn spricht man von undefinierten „Geister-Energien“, die an „Kraftplätzen“ irgendwas bewirken sollen; was eine typische Glaubenssache ist. Ebenso die Erdstrahlen-Energie oder die Horoskop-Planeten-Energie.

VB5a) Eine fundamentale Energieart im All ist die „KERN-ENERGIE der Atome", die für die Bindungskräfte zwischen den Atomkern-Bestandteilen verantwortlich ist, und in Atom-Kraftwerken bzw. Atombomben technisch genutzt wird.

Bei der Atomkernbildung nach dem Urknall wurden die abstoßenden elektrischen Kräfte der Kern-Protonen durch thermische Zusammenstöße so weit überwunden, dass die sehr kurz reichenden, aber stark wirkenden KERNBINDUNGSKRÄFTE den Atomkern stabilisieren konnten. Zum Bau der 1. Atombombe gelang es diese Kernbindungs-Kräfte bei geeigneten schweren Atomen mittels Neutronenbeschusses aufzubrechen, wodurch die elektrischen Abstoßungskräfte der Protonen wieder frei wurden und den Atomkern auseinanderfliegen ließen. Durch Kettenreaktion bei den restlichen Bomben-Atomen ergibt dieser Effekt die enorme Explosionskraft der Atombombe. Gelingt es die Kettenreaktionen durch geeignete Stoffe zu bremsen, so kann man die aufgebrochene Kernbindungsenergie in Atomkraftwerken über Dampfturbinen und Generatoren in elektrische Energie umwandeln oder zur Wärme-Energie-Erzeugung nutzen. Im umgekehrten Fall lassen sich die elektr. Abstoßungskräfte (von Elektronen) der „leichten" Atomkerne, wie z. B. bei Wasserstoff-Atomen, durch enorme Zuführung von kinetischer Energie, (wie z. B. Wärme) überwinden, so dass größere Atomkerne entstehen, die dann eine Stufe in der chemischen Elemente-Tabelle aufsteigen: Durch „Fusion" von 2 Wasserstoff-Atomkerne wird 1 Helium-Kern (oder 2 Helium-Kernen zu 1 Beryliumkern, Helium + Berylium zu Kohlenstoff, Kohlenstoff + Sauerstoff zu Silizium, 2 Silizium zu Eisen etc.). Bei diesem „Verschmelzungsprozessen" wird Atombindungsenergie frei, wie z. B. bei unserer Sonne, die damit Strahlungs-Energie in Form von Sonnenlicht erzeugt. So wird allmählich der leichte Wasserstoff über Helium bis hin zum schwereren Eisen umgewandelt. Sind die leichten Atome alle verbraucht, erlischt das Sonnenlicht. Nach dem Prinzip der Kernverschmelzung

„funktioniert" leider auch sie sogenannte „Wasserstoffbombe".
VB5b) Die „ATOM-BINDUNGSENERGIE"

Die beim „Urknall" [siehe VB3a] entstandenen Atomteilchen-Bindungskräfte hatten kurz nach ihrer Freisetzung die Möglichkeit konkrete elektrische Ladungsträger-Teilchen zu bilden (wie Proton, Elektron und Neutron), aus denen später die verschiedenen Atom-Arten entstehen konnten. Ein Atom ist der kleinste chemisch teilbare Bestandteil der Materie. Es besteht grundsätzlich aus einem oder mehreren el. positiv geladenen Protonen (event. mit elektr. neutralen Neutronen) Teilchen, die den Atom-„Kern" bilden (s. VB5a). Dieser wird von gleichvielen, el. negativen Elektronen in der Atom-„Hülle" umkreist, sodass das Atom nach außen hin elektrisch neutral (sich aber von andere Atomen abstoßend) wirkt. Durch überzählige oder fehlende Elektronen in der Atomhülle können bei deren gemeinsamer elektrischer Nutzung durch nahestehende Atome (verschiedener Art) aneinandergebunden werden, so dass daraus MOLEKÜL-Gebilde entstehen (z. B. ergeben Kupfer – Atome + Zink – Atome = Messing-Moleküle). Je nach Anzahl der Atomkern-Bausteine bauen sich so die unterschiedlichsten chemisch wirkenden Atomgebilde der Materie auf. Für den Zusammenschluss der Atome muss Energie zugeführt werden, die dann bei einem ev. Zerfall wieder frei wird (z. B. bei einem chem. Sprengstoff). Die Palette der chemischen Grundstoffe, vom leichten Wasserstoff bis über das schwere Uran hinaus, schuf die wichtige Welt der Moleküle, die wiederum für die Welt des Lebens notwendig war.

VB6) Schwingung (a), Rückkopplung (b), Welle (c)

VB6a) Unter „Schwingung" im technischen Sinn versteht man die periodische Rückkehr einer Bewegung von Materie oder el. magn. Feldlinien zu ihrem Bezugspunkt. Die Anzahl der Schwingungen pro Sekunde heißt „Frequenz". Diese Bewegungsart benötigt 2 verschiedener Energiezustände, die sich gegenseitig wechselweise erzeugen (siehe Rückkopplung VB6b unten). Die Schwingungsbahn der bewegten Materie kann linear oder kurvenförmig sein, wenn sich 2 Schwingungen überlagern (z. B. Feder oder Pendel). Eine „erzwungene Schwingung“ wird durch äußere, konstruierte Kräfte (z. B. Motorkolben) veranlasst. Eine „eigenständige Schwingung“ hingegen bedarf eines Anstoßes in einem schwingungsfähigen „Rückkopplungs-System“.

VB6b) Unter „RÜCKKOPPLUNG“ versteht man eine Ereignisfolge von 2 selbständigen Energie-Wirksystemen, die so aufeinander rückwirken, dass das 1. System (nach einem Aufbau-Anstoß) wieder in seinen Ruhezustand zurückkehrt und dabei beim Verschwinden das 2. System aufbaut. Sobald das 1. System total verschwunden ist, hat nun das 2. keinen Aufbau mehr und beginnt daher seinerseits selbst mit dem Abbau. Dadurch wird (über das Rückkopplungssystem) das 1. System wieder aufgebaut. Nach dem Verschwinden des 2. Systems wird auch das 1. System erneut wieder abgebaut, worauf die Zyklus-Schleife wieder von neuem beginnt.

VB6b1) Bei einer „mechanischen Rückkopplung“ z. B. der Dampfmaschine strömt Dampf in den linken Halbzylinder und drückt die Kolbenstange nach rechts, und der rechte Halbzylinder wird dadurch gelehrt. Danach wird nun über ein (mit der Bewegung gekoppeltes Hebelsystem (= Rückkopplung)) die Dampfzufuhr in der linken Halbkammer abgesperrt und nun Dampf in den rechten Halb-Zylinder eingeleitet, wodurch der Kolben (samt Stange) wiederum nach links gedrückt wird, und dabei in der linken Halbkammer den Dampf aus bläst. Am Ende dieser Bewegung hat aber nun die Rückkopplungs-Mechanik das Dampfventil für die rechte Halbkammer gesperrt und das für die linke Kammer wieder geöffnet, so dass der Schwingungszyklus neuerlich starten kann.

VB6b2) Bei der „Kraft-Kinetik Rückkopplung“ (z. B.) einer mechanischen Feder bewirkt die Kraft der zusammengedrückten Feder beim Loslassen eine Beschleunigung des Feder-Endes, worauf die Trägheitsenergie dieser Bewegung die Feder auseinanderzieht. Sobald diese Energie in umgekehrte Federkraft umgewandelt ist, beginnt diese Federkraft die Feder zu verkürzen und das Rückkopplungsspiel beginnt von neuem. Als

Kraftquelle kann auch die Gravitationskraft fungieren, wie z B. beim „Uhrpendel". Die kinetische Energie der Rückkopplung liegt diesfalls im Querschwung der Pendelmasse. Jede Schwingung kommt durch Dämpfung oder Reibung früher oder später zum Erliegen, wenn nicht in jeder Schwingphase ein wenig Energie zugeführt wird (z. B. in der mech. Uhr über die mit Federkraft schwingende „Unruhe").

VB6b3) Bei der „elektromagnetischen Rückkopplung" wird die Wechselwirkung zwischen magnetischen und elektrischen Feldlinien gemäß dem el.-man. Induktionsgesetz (siehe VB4a5) ausgenützt. Auf diese Weise kann man die Existenz von Lichtphotonen bzw. Licht- und Wärme-Strahlen, Radio- oder elektromagnetischen Wellen vorstellbar machen.

VB6c) Unter „WELLE" versteht man ein „System von Schwingungen" (siehe VB6a), das Energie unter Benützung eines stationären Trägermediums weiterleiten kann. Das Trägermedium muss „schwingungsfähig" sein, das heißt: 2 Energiezuständen ermöglichen, die sich durch Rückkopplung (s. VB6b oben) gegenseitig auf- und abbauen.

Wellen entstehen durch einen Energieanstoß von außen auf ein räumlich begrenztes (bezüglich des Geschwindigkeits-Bezug-Punkt GBP) ruhendes Trägermedium(TM), wodurch in den schwingungsfähigen Rückkopplungs-Komponenten des Mediums stationäre Schwingungen erzeugt werden, die die Anstoß-Energie durch das Medium weiterleiten und in Form von Wellenschwingungen an dessen Ende wieder ausgeben können.

Betrachtet man (zum besseren Wellen-Verständnis) die „SCHALLWELLE": Das Trägermedium (= TM) ist dabei die „Luft" (Gas oder Feststoffe). Von einer Lautsprechermembran (= LS) erfolgt ein Anstoß der Luftmoleküle im TM in Richtung Schallausbreitung, wobei deren kinetischer Energie im (TM) zunächst eine dünne Zone (= 1. Schicht parallel zur Membran) mit erhöhtem Luftdruck ausbildet. Sobald sich die LS-Membran wieder zurückzieht, zerfließt die Hochdruckzone der 1. Schicht, indem sich die (örtlich gebundenen) Mediums-Moleküle zurück und vorwärts bewegen. Letztere bauen dann durch ihre kinetische Energie eine 2. Hochdruckschicht auf; während die jeweils zurückfließenden Trägermoleküle das Verbleiben des Trägermediums an Ort und Stelle bewirken. In der 2. Hochdruck-Schicht wiederholt sich das Spiel, und die jeweils vorwärts fließenden, schnellen Luftmoleküle übertragen (ebenfalls pendelnd) die Schall-Energie bis ans Ende des Trägermediums, wo z. B. die Lautsprecher-Energie ans Ohr weitergegeben werden kann.

VB6c1) Bei der „WASSERWELLE" ist es ähnlich wie bei der „Schallwelle", nur dass der Energietransport nicht linear, sondern ringförmig erfolgt. Wirft man einen Stein in eine glatte Wasserfläche, so entsteht an der Auftreffstelle ein Wasserloch, das sich sofort durch den Wasserdruck des Umgebungswassers füllt. Durch die kinetische Energie des zufließenden Wassers bildet sich ein kleiner Wasserberg, der danach nach allen Seiten hin radial zerfließt. Die kinetische Energie des vom zentralen Wasserberg abfließenden Wassers bildet nun einen 1. konzentrischen Wasserring-Berg. Beim Zerfließen dieses Ringberges fließen Wassermoleküle teilweise nach innen zurück; die nach außen abfließenden Wassermoleküle bilden einen 2. Wasserringberg; und so entstehen allmählich die nach außen drängenden, aber immer niedriger werdenden Wasserbergringe. Auch hier bleiben die Wassermoleküle des Wellenmediums fast immer an derselben Stelle infolge der Auf- und Ab-Schwingungen zwischen potentieller und kinetischer Energie der Wasserringberge. Die eingebrachte Fallenergie des Steines wird aber mit den Wellen nach außen transportiert. Wellen können sich überlagern, ohne dass ihre Laufrichtung gestört wird; sie werden aber an festen Hindernissen gespiegelt; das heißt: Wenn sie auf eine ebene, senkrechte Wand treffen, laufen sie zur Normal-Geraden (= Senkrechte zur Wand) von der Wand gespiegelt weiter. Ist der Auftreffwinkel = 0, werden sie in sich selbst reflektiert und es entstehen „stehende Wellen", die nur auf- und abschwingen, durch Summierung von Hinlauf- und gespiegelter Rücklauf-Welle.

VB6c2) Bei der „elektro-magnet. WELLE" besteht das Trägermedium aus elektrischen und magnetischen Feldlinien, die aus leitfähigen Material stammen; wie z. B. Hochfrequenz-Hohlleiter oder paarige Energie-Hochspannungs-Leitungen. Auch hier ist das Wellenprinzip bewahrt, bei dem die Leitungselektronen der Medium-Zonen nur geringfügig örtlich hin und her bewegt werden, jedoch die übertragene Energie rasch fließt. Aus diesen Überlegungen folgt aber der Schluss, dass es in materieleeren Weltraum-Bereichen keine elektromagnetischen Wellen geben kann, weil kein Träger-Medium vorhanden ist. Was hingegen oft fälschlich als „Lichtwelle" im Weltall bezeichnet wird, das sind elektro.-magn. Partikel-Ströme aus Photonen oder „Radionen" (siehe VB4a5b). Treffen Photone auf Materie, dann lösen sie in den dort stationär vorhandenen elektromagn. Feldern jene elektro-magnetische Wellen aus, z. B. als Lichtwellen in Glas, in Gas oder Wasser, deren Frequenz und Geschwindigkeit (in Bezug auf den GBP im „Leiter") gemessen werden können.

VB6c3) „MATERIEWELLEN" sind leider ein Ding der Unmöglichkeit, da es kein rückkopplungsfähiges Trägermedium für diese Wellen im Weltraum gibt. Es gibt zwar die eine Träger-Medium-Komponente in Form der weit in den Raum hinausreichenden Gravitations-Feldlinien, jedoch fehlt bis dato ein Beweis für die 2., dafür notwendige Rückkopplungs-Komponente für ein „gravitatives Induktions-Gesetz".

VB7) KAUSALITÄT und FUNKTIONALITÄT

VB7a) Unter „KAUSALITÄT" versteht man die Beziehung zwischen „Ursache" und „Wirkung", z. B. wie die Einwirkung einer „Kraft" auf einen Körper (als Ursache) eine „Geschwindigkeits-" oder „Bewegungs-Richtungs-Änderung" (als Wirkung) hervorruft. Dabei ist die Reihenfolge von „Ursache" und deren „Wirkung" definitiv durch den Richtungslauf der Zeit vorgegeben. Jede Wirkung an einem Objekt bedarf einer im Voraus erfolgten Ursache, denn ohne (phys.-chem.) Ursache kann es keine zustandsändernde „Wirkung" geben. Wäre es anders, gäbe es in der Welt ein Chaos von gigantischer Größe und nichts hätte Bestand.

Jene ZUFALLSEREIGNISSE, die scheinbar keine erkennbaren auslösenden Ursachen haben (wie z. B. der Atomzerfall), stoßen zwar an die Grenzen des Erforschbaren, doch lassen deren Wahrscheinlichkeitsgesetze auch hier eine kausale Ursache vermuten. Erkennbare „Spontan-Änderungen“ des Weltgeschehens ohne phys.-chem. Ursache, sind nur durch „schöpferische Eingriffe“ aus einer „anderen Welt“ erklärbar; wie z. B. die Erschaffung von „toter Materie“ beim „Urknall“ oder die Entstehung des „anti-toten Leben“s auf dieser Erde. Dass solche Ereignisse stattgefunden haben müssen, ist durch die Existenz unseres Daseins erwiesen. Erkenntnisse über den „Ur-Planer“ und Urgrund der Welterschaffung sind jedoch mit dem menschlichen Verstand unmöglich.

Die „Kausalität“ ist ein wesentlicher Bestandteil der „ZEIT“. Durch sie wird der Zeitlauf vom „Einst“ zum „Jetzt“ bewirkt, und zwar durch die ständige Nachfolge von „Zeitatomen“ (siehe VB2a), wodurch verursachende Kräfte (gemäß den seit dem Urknall wirkenden physikalischen Naturgesetzen) laufend Veränderung des Weltzustandes ergeben; und zwar an jenen Objekten des Weltalls gleichzeitig, wo „Kräfte“ wirksam werden können. So gesehen kann die „Kausalität“ als eine riesige Rechenmaschine gesehen werden, die in „Echtzeit“ den jeweiligen „Jetzt-Zustand“ an jeden Ort des Weltalls errechnet und bereitstellt.

VB7b) Unter „FUNKTIONALITÄT“ versteht man eine sinnvolle Aneinanderreihung von „Kausalitäten“, die in Summe einen logischen Ablauf von Ereignissen für einen bestimmten Zweck ergeben. So ist z. B. der Ablauf eines Sternlebens von der Staubzusammenballung über das Aufglühen als Sonne bis zum Ende der Abstrahlung und anschließendem Aufblähen zum „roten Riesen“, und die Schrumpfung zum „toten Zwergstern“, eine Funktionalität der „unbelebten“ Schöpfung. Die Funktionalität bedarf also eines Planes, quasi einer „Ingenieur“-Tätigkeit, damit ein sinnvoller Zweck erreicht werden kann.

VB7c) Als „KONSTRUKTIVITÄT“ sei hier die Zusammenführung von „Funktionalität“ und „logischer Planung“ bezeichnet, wo „funktionale Elemente der unbelebten Welt“ (z. B. Atome oder Moleküle) durch eine „denkenden Planung“ so kombiniert werden, dass ein „Produkt“ entsteht, das einen bestimmten Zweck erfüllt (z. B. den Autobau). Die „Konstruktivität“ ist eine unbedingte Voraussetzung für die Schaffung einer „belebten Welt“; denn letztlich besteht das „Leben“ aus der Kombinationen von unzähligen, komplizierten, aufeinander abgestimmten Einzelfunktionen sowie einem ebenfalls „logisch“ erdachten, sehr komplexen Steuerungsprogramm. Wer die dazu „erforderlichen Pläne“ geschaffen hat, ist jene große Daseinsfrage, die im Abschnitt „B“, nach den „Prinzipien des realen Denkens“ betrachtet wurde.

VB8) ENTFERNUNGEN im WELTRAUM

Wie unvorstellbar groß die Entfernungen im Weltraum sind, zeigt sich an der Untersuchung des öfters zitierten Problems von Import oder Export von Leben aus oder in den Weltraum: Der nächste Stern, bei dem auf einem seiner Planeten erdähnliches Klima herrschen könnte, sei z. B. von der Erde 5 Lichtjahre weit weg; was im riesigen Weltall mit seinen Ausdehnungen von Milliarden Lichtjahren ja fast nichts ist. Die Start- bzw. Lande-Beschleunigungskräfte in einem ultraschnellen Raumschiff, auf einen Flug dorthin, sollte wegen der begrenzten Belastbarkeit der Astronauten deren Körpergewicht nicht das 2fache überschreiten, somit also etwa die 2fache Erdbeschleunigung [= 2g =~ 20[m/sec^2] betragen. Wegen Beschränkung der Treibstoffmenge soll die Beschleunigungs-Phase nur bis zum äußeren Rand des Sonnensystems (Abstand des äußersten Planeten Pluto von der Sonne R= 6 x10^9 km = 6 x 10^12 m) reichen. Die Endgeschwindigkeit vR eines mit 2g beschleunigten Körpers aus einer Fallhöhe R ist (vR)^2 = 2 x g x R = 20 x R, = 20 x 6x10^12 = 120x10^12, nach dem Wurzelziehen = vR= ~ 11x10^6 = 11 Millionen m/sec = 11 Tausend km/sec = umgekehrt auch die End-Geschwindigkeit eines Raumschiffes, das mit 2-facher Erdbeschleunigung bis an den Rand des Sonnensystems beschleunigt wird; wobei die Astronauten während der Beschleunigungszeit das doppelte Körpergewicht ertragen müssen. Nach Abschalten der Antriebskraft beim Verlassen des

Sonnensystem-Randes hat das Raumschiff eine konstante Geschwindigkeit von 11000 km/sec erreicht; das ist 1/27 von der Licht-Geschwindigkeit (c = 300000 km/sec). Für eine Strecke von einem (1) Lichtjahr wird daher die Zeit von 27 Jahren benötigt. Somit beträgt die Hinflugzeit = 5 x 27 = 135 Jahre. Die Start- bzw. Bremsphase-Dauer tBD = vR/20 (m/sec^2) = 15x10^6 (m/sec)/20 (m/sec^2) =~ 0,75x 10^6 (sec). 1Tag hat 3600 x 24 (sec) = 8,6x10^4 (sec), tBD = ~ (0,75/8,6)x10^2 =~ 9 Tage, fällt gegenüber der Flugzeit kaum ins Gewicht, ist aber für die Astronauten belastend, da sie wieder 9 Tage das doppelte Körpergewicht aushalten müssen.

Hin- und Rückflug zu einem nur 5 Lichtjahre entfernten Planeten würden 270 Jahre dauern und 5 Raumfahrer-Generationen benötigen.

Fast die ganze Flugzeit von 2-mal 135 Jahren müsste im kräftefreien, also schwerelosen Raum des mit 3,7 % „c" dahineilenden Raumschiffes verbracht werden, so dass auch die 5 darin geborenen Astronauten-Generationen wohl kaum Muskelkraft entwickeln könnten. Abgesehen von der riesigen Antriebsenergie-Menge, die 1000-mal größer wäre als bei einer Reise im Sonnensystem, müssten gigantische Lebensmittelvorräte und sonstige Utensilien mitgeführt werden. Eine Kommunikation mit dem Ziel-Planet könnte nur im 10Jahres-Abstand durchgeführt werden (5 Jahre für Frage-Hinweg und 5 Jahre für Antwort-Rückweg). Daher ist es praktisch unmöglich, dass außerirdisches Leben je auf die Erde gelangt ist oder je exportiert werden kann. Und dabei ist unsere Milchstraßen-Galaxie mit ihrem Durchmesser von 100erten Millionen Lichtjahren und Milliarden „benachbarter" Sternen unserer Sonne ja nur ein Mini-Zwerg im All. Der Durchmesser des gesamten Weltalls wird auf 60 Milliarden Lichtjahre geschätzt. Die Ausdehnung des Weltalls soll (nach letzten Mess-Ergebnissen von Forschungs-Satelliten) allmählich langsamer werden, und es dürfte etwa 200 Milliarden Galaxien mit gewaltigsten Leerräumen dazwischen enthalten.

VB9) Die GENe als STEUERELEMENT des LEBENs

VB9a) Die Weitergabe von tierischen und menschlichen Leben erfolgt mittels Ei- und Samenzellen. Diese Zellen enthalten kleinste GEN-Fäden (siehe B11), in denen die BAU- und FUNKTIONs-PLÄNE sowie ERBINFORMATIONEN für den Körperbau und das Verhalten der Lebewesen enthalten sind.

Der grundsätzliche Aufbau der GEN-Fäden ist bei allen Lebewesen ähnlich; nur die Variation der 4 verschiedenen GEN-Riesenmolekül-Arten (A,G,T,C) innerhalb der 4er-Gruppen und die Anzahl dieser GENgruppen im DNA-Faden enthält die „Informationen“ für die Zellkerne, was aus der Zelle werden soll und was ihre Funktion ist. Die (zwecks Zellen-Vermehrung paarweise vorgesehenen), schraubenförmig ausgebildeten DNA-FÄDEN aus aneinandergereihten GEN-Abschnitten sind sub-mikroskopisch klein: GEN-Abschnittslänge = 2-Millionstel-mm, Schrauben-Durchmesser = 1/10 davon, und zu einem Knäuel aufgewickelt; doch die abgewickelte Fadenlänge beträgt (durch die 40000 GEN-Abschnitte beim Menschen) = ~ 1 Meter. Die ineinander verschraubten Fäden können sich selbst kopieren und zur Vermehrung teilen. Die aufgewickelten GEN-Fäden werden als x-förmige „Chromosomen“ in den „Zell-Kernen“ (mit ~ 5 Mikrometer Durchmesser) in allen Körperzellen eines Lebewesens gespeichert. Die variierende Folge der 4 Grundbausteine des GEN-Fadens ergibt die Codierung, so dass eine riesige Zahl von Informationen für den Organismus speicherbar ist; wodurch die verschiedenen Lebensformen ermöglicht werden.

Bei der sexuellen Zeugung eines Lebewesens [= Vereinigung der väterlichen Samenzelle mit der mütterlichen Eizelle] werden die beiden GEN-Anteile der Eltern in der Eizelle der Mutter gemischt. Daraus bildet sich (durch Zellteilung der genannten GENmischung) der Embryo des Kindes. Dessen GEN-Fäden bestimmen (schon im Mutterleib) die Lage, Art und spätere Funktion der heranwachsenden Körperzellen des Kindes, so dass es mit allen späteren Funktionsmerkmalen geboren wird. Beim Heranwachsen vermehren sich nur die benachbarten Körperzellen, daher bleiben die Organe an ihren ursprünglichen Lagen erhalten. Da alle Körperzellen des Kindes von der gemischt-befruchteten Eizelle abstammen, sind diese GEN-Merkmale in allen Körperzellen des (erwachsenen) Kindes vorhanden. Demnach kann man aus den Genen einer beliebigen Körperzelle einer Person deren Gen-Eigenschaften unverwechselbar bestimmen. (So kann man daher in einem Kriminalfall aus den am Tatort aufgefundenen geringfügigen, vom Täter stammenden Körperzellen-Spuren durch Vergleich mit direkt vom Täter-Körper entnommenem DNA-Proben auf den Täter schließen.) Da abgestorbene Körperzellen zwar ihre Lebensfunktionen verlieren, aber die GEN-Fäden im gunstigen Fall ihre physikalisch-chemische Anordnung beibehalten, kann man (neu seit 2010) auch die DNA von längst ausgestorbenen Individuen untersuchen. So konnte man nachweisen, dass der Europäer ca. 6% des GEN-Material vom vor 30000 Jahren ausgestorbenen „Neandertaler"-Menschen in sich hat!

VB9b)Durch die Information der Gene wird jedem Lebewesen bei der Zellteilung [= Wachstum] nicht nur der 3D Aufbau des Körpers und dessen Funktion zugewiesen, sondern auch die Grundinformationen für das Verhalten des Individuums in seinem Lebensraum mitgeliefert. Letztere könnte man als „NATURRECHTE" der Lebewesen bezeichnen. Das sind jene, vom „Lebensplaner" vorgesehenen Steuerungsprogramme, die auch bei primitiven, unintelligenten Lebewesen zum Überleben benötigt werden und offenbar „GEN"-gesteuert sind. So gibt es das Naturrecht für die „Erste-Lebens-Steuerung für Neugeborene" (ohne die diese gar nicht überleben könnten, wie z. B. erstes Atmen oder selbständiges Saugen bei Neugeborenen oder z. B. die Flucht von Schildkröten-Babys von ihrem Gelege zum Meer etc.).

Das „Naturrecht des Stärkeren" (als Anführer und Beschützer der Familie, aber auch von Gruppe, wie Militär, Religion Gesellschaft, Politik und Wirtschaft),

das „Naturrecht der mütterlichen Fürsorge" (um den Nachwuchs, wie Fütterung, Erziehung, Spracherlernung etc.), das „Naturrecht zur Lebenserhaltung“ (bezüglich Nahrung, Wärme, Schutz der Gruppe, Verteidigung des Lebensraums, Futterneid, Vorratsanhäufung etc.),

das „Naturrecht zur Vermehrung“ (als unbewusster Nachwuchs-Wunsch mit allen zugehörigen Verhaltensweisen, wie Verliebtheit, Konkurrenzkampf, Nestbau, Familiengründung, aber auch des Alterns und Sterbens),

das „Naturrecht des Raubtierprinzips“ (Angriff mit Tötung von „Friedlichen“ oder fremder Fresskonkurrenz zwecks nachhaltiger Lebensraumsicherung, ökologische Nahrungs- und Abfall-Verwertung durch die Ernährungskette: Groß frisst Klein).

Die GEN-Steuerung ermöglicht also nicht nur Vermehrung und Wachstum, sondern erhebt, besonders bei „Tieren“ mit Bewusstsein (siehe VB12), nun „das Leben“ auf eine höhere Schöpfungsstufe als jene der „leblosen Sternenwelt“. Durch die GEN-gesteuerte Entfaltung des „Lebens“ entstehen naturrechtliche Verhaltenstypen wie z. B.: „männliche“ oder „frauliche“, „kriegerische“ oder „friedfertige“, „agile“ oder „träge“, „herrschsüchtige“ oder „duldende“, „mutige“ oder „feige“ etc., wobei die „Charaktere-Eigenschaften“ durch Zufallsmischung der Eltern-Gene bei geschlechtlicher Fortpflanzung gebildet werden. Innerhalb einer zusammenlebenden Gruppe kann es daher zur verschiedenartigsten Charakter-Typen der Individuen kommen, wie z. B. Vater, Mutter, Soldat, Sanitäter, Unternehmer, Arbeiter, Politiker, Händler, Forscher, Arzt, Künstler, Vagabunden etc. Die „Naturrechte“ können in den genannten Verhaltensgruppen durch Gen-Kombinationen noch weiter vielschichtig unterteilt sein; auch unterschiedliche Intensitätsgrade der einzelnen Erbanlagen (von 0–100%) sind möglich. So können durch zufällige Kombination von diversen GENarten vielschichtige Körper- und Verhaltens-Formen mit unterschiedlichsten Wirkungsgraden entstehen:

Wenn z. B. der GEN-gesteuerte Körperbau vom Mann = M, von der Frau = F sei, und das typische (naturrechtliche, GEN-gesteuerte) Verhalten von M = m und von F = f sei, so gibt es Misch-Typen wie:

Mm = Soldat, Chef, Jäger; Mf = Sanitäter, Helfer, Lehrer; Fm = Soldatin, Chefin, Jägerin, Ff = Mutter, Pflegerin, Lehrerin; oder Ffm = strenge Mutter, Mmf = verzeihender Vater etc.

Wenn x= sexuelle Zuneigung sei, so gibt es Mischungs-Typen: Mxm = Vater, Fxf = Mutter, Mxf + Mxfm = Schwule, Fxmf + Fxfm = Lesben etc. Diese sind alle mehr oder minder körperlich und geistig GENgesteuert!

Gene bestimmen zunächst bei der Zellteilung im Embryo, welche Funktion die Zellen im Körper haben werden, und in welchem Organ bzw. an welcher Körperstelle die Zellen angesiedelt werden; und erwirken deren Funktion im Organismus. Außerdem entstehen im Bewusstsein durch die Kombination von vielen verschiedenen Gen-Wirkungen die vielseitigsten Eigenschaften vom Charakter und Verhalten der Menschen. GEN-Bereiche können auch langzeitliche Verhaltensweisen der Träger speichern und vererben: So ist z.B. „das Tragen von großen Handtaschen", weltweit beim Shoppen oder in Gesellschaft in den FRAUEN-GENen verankert, weil in Urzeiten die Mütter Nahrung für die Familie in TASCHEN heimtragen mussten, während die MÄNNER damals für die Jagd und den Kampf naturrechtlich zuständig waren und heute eher zum Sportkämpf-Schauen neigen.

Oder: Das längerdauernde Telefonieren der FRAUEN (im Vergleich zum männlichen Gedankenaustausch) ist GEN-technisch erklärbar, weil in der Frühzeit der Familienbildungen die Frauen den Kindern daheim das Reden beibringen mussten, während die MÄNNER damals meist auf der Jagd und kaum daheim waren.

Oder: Der Nachwuchswunsch löst beim MANN das Imponier-Gehabe aus (um von den Frauen ausgewählt zu werden) und ist primär auf vielseitige Weitergabe seiner Gene gerichtet; während für die auswählenden FRAU der Wunsch nach einem Kind (vom GENmäßig optimalen Mann) im Vordergrund steht, und sie sich durch Kleidung, Frisur und Figur „begehrenswert schön" (für den Mann) macht wie z.B. durch Rotfärben der Lippen; auch dann noch, wenn die Paarungszeit schon vorbei ist. Oder: Die „RaubtierGENe bei Menschen" hinterlassen ebenfalls ihre Spuren, und zwar nicht nur bei den häufigen „Stellvertreter“-Kriegen (siehe B7b1), sondern auch oft beim abendlichen „Krimifernsehen“, wo die „Schaulust am Töten“ von den entsprechenden GENträgern unbewusst ausgelebt wird. Sonst gäbe es ja nicht so viel grausliche Krimi-Serien im Fernsehen.

VB10) Die exponentielle VERMEHRUNG des LEBENs

Bei „exponentieller Rechnung“ erhält man das Ergebnis „E“ infolge Multiplikation einer Zahl „Z“ „n“-mal mit sich selbst. „E“ = Z hoch n. (E= ZxZxZxZx…n-mal)

Zum Beispiel: Bildet man eine Zahlenreihe mit der Zahl „*Z = 2*“, so wächst das „E“ beim Durchlauf von „n“= 1, 2, 3, 4, 5, 6, 7, 8 usw. sehr rasch an: So ist E = 2, 4, 8, 16, 32, 64, 128. 256 usw. Bei n = 8 ist also *E= 256*; bei n = 20 ist *E =* bereits *1,048,576;* Es erfolgt also ein rasanter Anstieg.

Ist die Zahl Z = größer als 2 so wächst das Ergebnis *E* noch schneller an: Bei *Z = 3* ist E = 3, 9, 27, 81, 243 usw. Bei n = 10 ergibt sich schon *E = 59049*!

Die Vermehrung von Lebewesen (mittels Zellteilung) erfolgt analog nach diesem exponentiellen Prinzip: Denn wenn z.B. eine Mutter im Durchschnitt 6 Kinder hat (wovon etwa 3 weiblich seien, also selbst wieder Leben weitergeben können; aber auch noch 3 männliche Nachkommen da sind), so wächst die weibliche Population (innerhalb von n = 4 Generationen (à 25 Jahre) = 100 Jahre) *E = 3* hoch 4 (= 3x3x3x3) auf das 81-Fache an. Bei einer Lebenserwartung von ~ 50 Jahren und Berücksichtigung der männlichen Nachkommen, stammen von 1 Mutter nach 100 J. ungefähr 200 lebende Personen ab. Bei dieser gewaltigen Vermehrung der Nachkommenschaft wären über 100te-Millionen Jahre hinweg auf der Erde nicht einmal mehr Stehplätze frei, wenn nicht der „Lebensplaner“ wachstumshemmende Faktoren wie Absterben durch Alterung oder Sauerstoffmangel, Krankheiten, Futtermangel, Raubtierbeute, Rivalitätskämpfe, Naturkatastrophen, Kriegs- und Verkehrs-Opfer und sonstige Unglücksfälle eingeplant hätte.

Betrachtet man die Anzahl der gleichzeitig am Planeten Erde lebenden Menschen (= ~ 3 Generationen wie Großeltern + Eltern+ Enkel), so existierten:

vor 1 Million Jahren (= 1000 Jahrtausende) etwa 10.000 Individuen (meist in Afrika);
vor 100 Jahrtausenden(=JT) lebten etwa 5.000.000 Leute;
vor 50 Jahrtausenden gab es 30.000.000 (= 30 Millionen);
vor 5 JT [= 50Jahrhundert (= JH)] lebten ca. 80 Millionen Leute;
vor 2 JT (zu Beginn unserer Zeitrechnung) lebten c. 150 Mio.
vor 1 JT bevölkerten 350 Mio. Menschen die Erde;
1800 (n. Chr.) gab es 900 Mio. Dann begann aber erst der rasante Anstieg:
1900 lebten bereits 1600 Millionen Menschen;
1950 existierten schon 2454 Millionen = 2,4 Milliarden
1963 gab es schon 3 Milliarden Leute am Erdball;
1999 wurde die 6 Milliarden-Grenze überschritten.
2019 gibt es 7,48 Milliarden Menschen auf der Erde!!!

Trotz der vielen Kriege, Hungersnöte, Seuchen, Morde, Verkehrs- und Freizeit-Unfällen beträgt der Zuwachs laut offizieller „Weltbevölkerungsanzeige" (siehe www.Google.com) und mathematischen Berechnungsformel 2,7 Menschen pro Sekunde (mehr, als alle Sterbefälle im gleichen Zeitraum). Das sind 85 Millionen pro Jahr, wodurch in 20 Jahren die 9 MILLIARDEN-Marke überschritten wird. Wenn das ohne Gegenmaßnahmen so weiterginge, gäbe es im Jahr 2080 an die 14 Milliarden Menschen auf der Welt; also fast doppelt so viele wie heute leben. Da derzeit schon weite Gebieten unter Nahrungsmangel leiden, ist glaubhaft anzunehmen, dass in wenigen Jahrzehnten die Zahl der Zuwanderer aus Dürregebieten in die Wohlstands-Zonen derartig zunehmen wird, worauf dort das geordnete Leben aller Wahrscheinlichkeit nach zusammenbrechen und im Chaos enden wird, falls kein Stopp kommt.

VB10a) Die religiös-politisch gesteuerte Vermehrung islamischer Völker (wie in der Türkei, im Nahen Osten oder in Afrika; mit dominanten,archaischen Glaubensregeln und einen Weltmissionierungs-Anspruch), die bereits in 20 Jahren die Verdoppelung ihrer Anhänger erreichen werden, gibt seit 2003 ebenfalls Anlass zur Sorge.

Durch die in Syrien vom „Islamischen (archaischen) Kalifat" (= IS) ausgelöste „islamische Revolution" mit ihrem weltweiten Sprengstoff-Terror zur Ermordung von Ungläubigen oder Andersdenkenden kamen ... zig tausende Kriegs- und Wirtschafts-Flüchtlinge unkontrolliert nach Europa. Diese Asylanten können (ohne Einwanderungs-Begrenzung) in den Asyl-Ländern zu einer Kultur-Katastrophe führen, zumal 80% der Asylanten-Familien durch ihre archaische Glaubens- und Lebens-Prägung kaum integrierbar sind. Sie könnten mit ihrer höheren Familien-Vermehrungs-Rate auch bald im Parlament die absolute Mehrheit auf demokratischem Weg erreichen und so die Gesetze hier nach ihrem Gutdünken bestimmen. Leider ist die Asylpolitik in Europa in 2 Lager gespalten: Die Realisten erkennen die Gefahr und sind für Einlassbeschränkungen. Die „Gutgläubigen" und jene, die der sozialistisch-christlichen „Gleichheits-These der Menschenwürde" (siehe B12c) anhängen, sind für die Zuwanderung notleidender (daher billiger) Arbeitskräfte; übersehen aber, dass anerzogene und „eingeprägte" Lebens- und Glaubens-Inhalte aus verschiedenen Ländern nur sehr schwierig unter gemeinsamen Lebensregeln (wegen der religiösen Prägung) (VB16) gebracht werden können.

VB10b) Um das Überleben der Menschheit am Planet Erde überhaupt nachhaltig gewährleisten zu können, wäre weltweit eine sofortige Einbremsung der menschlichen Vermehrung dringendst nötig! (Z. B. wie einst die „1-Kind-Familie" in China! Sonst müssten erneut weltweite Kriege naturrechtlich dafür sorgen). Dagegen ist „das Klimaschutz"-Problem zweitrangig!

VB11) Die Sinnesorgane der Lebewesen

VB11a) Das „AUGE" ist das wichtigste Sinnesorgan der höher entwickelten Lebewesen, denn es ermöglicht in kürzester Zeitspanne die Umgebung des Sehenden zu erforschen, Erkenntnisse zu sammeln und eventuell (Flucht-)Reaktionen im Körper zu veranlassen. „SEHEN" erfolgt durch Erkennen der elektromagnetischen (von der Sonne oder anderen Lichtquellen kommenden) Lichtstrahlen (siehe VB4a5), die an den sichtbaren Gegenständen der Welt reflektiert (gefiltert und in elektr.-magn. Lichtwellen umgewandelt) werden. Die über die Augen transformierten Lichtstrahlen gelangen als Nervenströme ins Bewusstsein des Betrachters und erzeugen im Gehirn eine farbige Abbildung von der Umgebung. Die beleuchteten Gegenstände haben keine „Eigenfarbe", sondern nur individuelle Reflexions-Eigenschaften, welche aus dem „Frequenz-(= Farben)-Spektrum" der Lichtquelle nur jene Farb-Frequenz(en) reflektieren, unter welcher der Gegenstand dann im Bewusstsein als „färbiges Bild" erscheint. Daher werden alle reflektierenden oder durchsichtigen Gegenstände in der Nacht bei fehlendem Licht nur „schwarz" gesehen. („Schwarz" ist keine Reflexionsfarbe, sondern zeigt nur an, dass an dieser Stelle kein Licht auftrifft oder keine Rückstrahlung erfolgt, weil dort alles einfallende Licht absorbiert wird, und somit keine Rückstrahlung möglich ist.)

Die älteste Augenform ist ein „lichtempfindlicher Hautfleck", der Lichtimpulse an das Gehirn weiterleitet, aber nur „hell" und „dunkel" und nicht räumlich sehen kann. Ist jedoch diese Hautstelle an einem steuerbaren Arm und paarweise vertreten (so wie z. B. bei der Weinbergschnecke), so kann durch Armbewegungen ein räumliches Bild dem Gehirn (über ein benötigtes „Gedächtnis") übermittelt werden.

Die nächst höhere Entwicklungsstufe des Sehens ist das „Fasetten-Auge" (wie z. B. bei den Bienen) wo einem lichtempfindlichen Augenpunkt mehr Licht durch ein trichterförmiges Segment für dessen Blickwinkel zugeführt wird. Da pro Bienenauge ca. 1000 Segmente halbkugelförmig angeordnet sind, ermöglicht das einen Blickwinkel von 180 Grad; und bei paarweiser Anordnung eine fast vollkommene Rundumsicht (mit einem digitalen Auflösevermögen von rd. 2 tausend Bits (= 2 kB)). Eine digitale Kamera hat eine 4000-mal höhere Auflösung, nämlich = 8 MB. Die geringe 2 kB-Auflösung genügt aber der Biene, da sie noch über andere, hochkomplexe Orientierungshilfen verfügt, wie etwa den räumlichen Geruchsinn über ihre schwenkbaren, hörnerartigen Fühler.

Die nächste Entwicklungsstufe ist durch das „Linsenauge" gegeben. Dieser linsenförmige, glasartige Bauteil ermöglicht es (innerhalb des Bild-Erfassungswinkels), die Abbildung von nahen Gegenständen größer erscheinen zu lassen, während weiter wegliegende hingegen kleiner abgebildet werden. Da nahe Gegenstände für das Lebewesen wichtiger sind als die weiter entfernten, hat das große Vorteile für das Leben des Individuums. Bei primitiven Fischen sind die Linsenaugen starr im Körper angesetzt; durch paarweise Anordnung kann der Fisch fast eine räumliche Rundumsicht im Gehirn erzeugen. In weiteren Entwicklungsschritten wird das Auge kugelförmig und schwenkbar (durch Muskel in 2 Richtungen), so dass ein breiterer Raumwinkel bewusst beobachtbar wird. Ebenso wird der Linsenkörper elastisch und steuerbar, um die Abbildungsschärfe zu erhöhen; die Lichtstärke wird mit der „Iris"-Blende automatisch geregelt.

Sind paarweise Augen seitlich angeordnet, ergibt die Rundumsicht bessere Fluchtmöglichkeit. Bei Raubtieren, Primaten und Menschen sind die Augen nach vorn gerichtet und zueinander schwenkbar, was eine schärfere Sicht und bessere Entfernungseinschätzung ermöglicht. Die „Brennweite" der Linsen (= Abstand zw. Linse und Brennpunkt) ergibt bei deren Erhöhung vergrößerte Bilder von weit entfernten Objekten (z. B. beim „Adlerauge").

VB11b) Die OHREN ermöglichen dem Einzelindividuum das „HÖREN" von hochfrequenten Luftschwingungen (wie Geräusche, Kommunikationslaute, Sprache, Musik, Lärm etc.) durch Umformung der Schallwellen (siehe VB6c) in elektrische Nervenimpulse durch winzige, seitlich im Kopf eingebettete Hörorgane, die dann im „Gehirn" die Botschaft als „Töne" bewusst werden lassen. Die Hörorgane sind paarweise angeordnet und können aus dem Zeitunterschied der Schallerfassung zwischen beiden Ohren die Schallrichtung erkennen. Beutetiere haben meist auch noch die Möglichkeit ihre Ohrmuscheln bewusst zu drehen, um mit genauerer Schallrichtungsortung die Fluchtmöglichkeit zu verbessern.

So wie beim „Sehen“ ist auch beim „Hören“ die Transformation der „physikalischen Außenwelt“ (nämlich wellenförmige Luftdruckschwingungen) in die „Innenwelt des Bewusstseins“ zu Tönen und Geräuschen notwendig. Der komplexe Aufbau und die paarige Anordnung der Hörorgane aus kleinsten mechanisch- und elektrisch- wirkenden Bauteilen lassen eine Zufallsentstehung dieser Organe abermals unglaubwürdig erscheinen.

Im Ohr ist auch das Organ für den räumlichen „Lagesinn“ für das Erkennen von Abweichung aus der „lotrechten“ Lage oder bei einer Drehung.

VB11c Die NASE, als Sitz des „GERUCHSINN“s, dient zum Erkennen von (räumlich beschränkten) gasförmigen Umweltbereichen. Besonders bei Tieren mit schlechteren Sehvermögen ist der Geruchssinn besser entwickelt, um so die Kommunikation in der Gruppe zu erleichtern; oder er ist der dominanteste Sinn bei Kriechtieren (z. B. Schlangen etc.) Die Funktion zur Entstehung einer „Geruchsempfindung im Bewusstsein“ ist weitgehend unerforscht. Man nimmt an, dass die räumliche Form (oder eine elektr. Ankopplung) der einzelnen Moleküle des Geruchsstoffes in duftspezifischen „Geruchszellen“ der Nasenschleimhaut passende Ankopplungsmöglichkeiten vorfinden und so das Geruchs-Erlebnis im Bewusstsein auslösen.

VB11d Auf ähnliche Weise dürfte auch der „GESCHMACKSINN“ über bestimmte Zellen in der Mundschleimhaut funktionieren, um Nahrungsmittel (hinsichtlich ihrer Bekömmlichkeit) zu unterscheiden.

VB11e) Der „TASTSINN“, der „WÄRMESINN“ und „LAGESINN“ leiten über spezielle Nerven-Enden in der Haut die entsprechenden Umweltreize direkt ins Gehirn, wo im Bewusstsein die zugehörigen Eindrücke erlebt werden. Demnach müssen alle Lebewesen mit Sinnesorganen auch ein (mehr oder minder) ausgeprägtes Bewusstsein haben, mit dem Handlungsentscheidungen (wie z. B. eine Fluchtrichtungswahl) getroffen werden können. (VB11f) Der „SCHMERZSINN" ist ein Rückmeldesystem des phys. Körpers an seine Steuerungszentrale (= Bewusstsein). Er kann im Extremfall zur Ausschaltung des Bewusstseins führen, um im willenlosen Zustand der „Ohnmacht" eine gefährliche Krisen-Situation besser überleben zu können.

Bei realistischer Betrachtung sind „Ohnmacht" und „Tod" die einzigen „Barmherzigkeits-Akte" des „Lebenerfinders" für den Menschen, da er sonst gegen Leid, Armut und Unterdrückung keine gezielten Handlungen zur Erleichterung der Situation setzt. Andererseits hat der „Lebenserfinder" sehr viel für nachhaltiges Überleben der Arten übrig! (z. B. mit dem „Raubtier-Prinzip" (siehe B7b), das die einzelnen Lebensgruppen über Jahrmillionen stabil überleben lässt.)

VB11f) Wahrscheinlicherweise gibt es noch weitere, unerforschte SINNE zur Kommunikation oder Umwelterkennung. So können z. B. Insekten Botschaften untereinander austauschen (wie etwa die Bienen mittels ihrer Fühler oder mit ihren Kreistänzen); Zugvögel über weite Strecke die richtige Flugrichtung (ins Sommer- oder Winter-Quartier) einhalten, Schmetterlinge kilometerweit entfernte Partner aufspüren. Aber auch Menschen können fallweise über weite Entfernungen unbewusst Gedanken austauschen (wie ich es selbst erleben konnte, als ich zu Ende des 2. Weltkrieges für meine Eltern verschollen war; sie aber meine Heimkehr nach einjähriger Abwesenheit kurz vor meiner Rückkunft konkret „erahnt" hatten).

VB12) Das BEWUSSTSEIN: 2 Welten: AUßEN +INNEN

Das Erleben eines Menschen ist erst durch sein BEWUSSTSEIN möglich. Mittels seiner Sinne, wie Sehen, Hören, Fühlen etc., kann er in seiner Umwelt bewusst „Vorgänge" wahrnehmen, erkennen und in seinem Inneren, dem GEDÄCHTNIS, speichern. Es treffen hierbei 2 völlig verschiedene WELTEN aufeinander: die reale physikalisch-chemische AUßEN-WELT und die individuell erlebte menschliche INNEN-WELT:

Betrachtet man z. B. ein gesprochenes „Wort“, so entsteht das in der Innenwelt der Gedanken und gelangt über Nerven, Stimmbänder und die Atemluft in die phys. Außenwelt als sinusartige Luftdruckschwankungen, die dem Schalldruck der Töne entsprechen (so wie sie manchmal im Fernsehen als Mahnung für die Einzahlung der FS-Gebühren, als Sinus-Linien gezeigt werden).

In der „INNENWELT“ unseres Erlebens hingegen werden diese „Luftdruckwellen“ über das Ohr in Nervenimpulse transformiert, und im Gehirn nun so speziell umgesetzt, dass der Sinn eines Wortes oder die Töne eines Klanges im Bewusstsein erkannt wird, um eventuell in bestimmten Gedächtniszellen gespeichert werden zu können.

Es treffen also hier 2 vollkommen verschiedene Welten aufeinander: So glaubt z. B. ein Tenor, beim Singen mit seiner Stimme den ganzen Raum mit dem Wohlbehagen und der Harmonie der Musik füllen zu können. In Wirklichkeit erzeugt er aber nur Luftdruck-Schwankungen im Raum, die dann erst durch die Hörorgane und das Bewusstsein des Zuhörers wieder zu dem werden, was der Sänger gedacht hat. Um den Genuss der Tonkunst von Person zu Person übertragen zu können, muss der Weg über die „gefühl- und leblose Außenwelt“ eingeschlagen werden.

VB12a) Ein analoges Problem gibt es beim Sehen, Riechen, Tasten, Schmerzfühlen etc. Jede Person hat eigene Augen und sieht für sich, aus seiner eigenen „INNEN-WELT“ in die reale „AUßENWELT“ hinaus, und empfindet die dort real auftretenden elektromagnet. Strahlen des Lichtes in seinem inneren Bewusstsein als „Farben“. Es ist so, wie wenn man durch 2 Löcher im Kopf, namens „Augen“, in eine vollkommen andere Welt, nämlich die „physikalische Welt“ da draußen schaut; doch unser Bewusstsein „schenkt“ uns ein buntes Bild, das es draußen in dieser Buntheit gar nicht gibt (siehe VB11a). Da jede Person (oder Tier) eigene Augen und ein eigenes Gehirn hat, kann man nicht zu 100% sagen, ob alle das „gleiche“ Bild von der Außenwelt sehen. Weil man aber in der „Außenwelt“ auf ähnliche Weise (wie das Auge) über eine Glaslinse Fotos der „Außenwelt“ machen kann, die dem „Sehen“ in der Innenwelt ähnlich sind, kann man auf gleichartige Bilder in der „Innenwelt“ (zumindest bei „gleichartig gebauten Lebewesen“ ohne Übertragungsfehler wie Farbenblindheit etc.) des Bewusstseins anderer Menschen schließen. Wie Bilder der Außenwelt im Innenwelt-Erleben von anders gebauten Tieren „gesehen“ werden, ist für den Menschen jedoch nicht vorstellbar. Man kann höchstens im Vergleich der Augen-Brennweiten den physikalischen Schluss ziehen, dass Tieraugen mit „kleinster Brennweite“ wie z. B. bei Mäusen, wo entsprechend der Linsen-Geometrie nahe Gegenstände sehr groß abgebildet werden, hingegen meterweit entfernte Dinge eher klein und lichtschwach erscheinen. Das gilt umso mehr, je kleiner die Tiere sind.

VB12b) Zwischen den realen physikalischen „Außenwelt“-Ereignissen und deren (in Gehirnzellen gespeicherten) bewusst erlebten Eindrücken in der „Innenwelt“ muss es eine „GRENZFLÄCHE“ geben, die wahrscheinlich entlang der Synapsen der Gehirnzellen verläuft. Da jedoch die Gehirnzellen sterblich sind, gehören sie offensichtlich zur „Außenwelt“. Ihr „Inhalt“, das individuelle „Bewusstsein“, gehört wohl zur „Innenwelt“, lässt sich aber durch chemische Narkotika oder extreme Sinnesüberlastung aus der „Außenwelt“ ausschalten sowie durch Reaktionen aus der „Innenwelt“ (z. B. Hypnose) zeitweise wegschalten. Warum das so ist, ist letztlich ungeklärt, zeigt aber: Die „Innenwelt des Lebens“ hat eine total andere Struktur als die „reale, physikalische Außenwelt“, was wieder ein Indiz gegen die Zufalls-Entwicklung des Lebens aus physikalisch- chemischen Bausteinen sein kann.

VB12c) Es gibt nicht nur passive Einwirkungen von der „Außenwelt“ auf die „Innenwelt“, sondern auch aktive Impulse (von Gedanken) an die „Außenwelt“: den (mehr oder minder) „FREIEN WILLEN“. Ob der wirklich „frei“ oder unbewusst von Umweltfaktoren abhängig ist, sei dahingestellt; sein „Inhalt“ dürfte meist gedächtnis- und (bzw.) oder GEN-gesteuert sein. Anscheinend entstehen Willens-Impulse durch Wünsche nach Wohlbefinden wie z. B. nach Lust oder Unlust (in jedweder Form, wie Sucht, Appetit, Gier, Sport. Spiel, Reisen. Angst, Neid, Zorn, Rachsucht etc.); aber auch wie die des „Nichtstuns" (z. B. Faulheit, Trägheit, Müdigkeit etc.) oder durch Gen-bedingte „Vorlieben" (wie Talente, Forschen, Erfinden, Ehrgeiz, Pflichtbewusstsein, Streiten, Reden, Rechthaben etc.) und den unterbewusst wirkenden „Naturrechten".Den „inneren Kampf" zwischen „Lustmolch" und „Faulpelz" entscheidet oft nur ein „Vernunft-Denken":

VB13) Die RELIGIONEN

Die fortschreitende Höherentwicklung der „Primaten" (= affenähnliche Lebewesen) schuf allmählich den „ersten Ur-Menschen" (durch eine, offensichtlich vom „Lebens-Erfinder" in den Genen geplante Verbesserung des Denk- Sprech- und Merk-Vermögens. Für diese Annahme spricht, dass sich Menschenaffen bis heute nicht selbständig weiterentwickelt haben). Mittels Ausbildung einer „Sprache" (vor etwa 200tausend Jahren in Afrika) konnten die Dinge der Umwelt benannt und über deren Existenz nachgedacht werden. Zunächst fanden sich kleine Familien-Gruppen zusammen (über entsprechende GEN-gesteuerte „Naturrechte") (s. VB9). Mit Aufgabenverteilung: Der Vater (mit „Naturrecht des Stärkeren") hatte für Nahrung und Schutz der Familie zu sorgen. Die (naturrechtlich „schwächere", aber gefühlvollere) Mutter hatte „Haushalt" und Nutzvieh zu versorgen und war für die Aufzucht der Kinder zuständig. Zur Erziehung der Kinder und für ein geordnetes Zusammenleben der Familie wurde damals (von den Müttern) die „Moral" erfunden! (Da es vorher infolge des „Raubtierprinzip"s keine MORAL geben konnte! Siehe B7b1). Diesen Moral-Regeln („Was du nicht willst, was man dir tu', das füg auch keinen andern zu") dienten zur Schlichtung von Geschwister-Streitigkeiten (nötigenfalls mit angepassten Strafmaßnahmen), hatten aber auch die Respektierung und Verehrung der erziehenden Eltern festgelegt (weil deren Lebenserfahrungen zum Schutz der Kinder diente). In späterer Zeit, als man über die Herkunft der Menschen mittels erdachter Religions-Theorien den „Gott"-Begriff erfand, wurden die Moral-Regeln der Familien in „Religions-Geboten" eingebracht, wobei nun die „Verehrung" (mittels Anbetung) für den „Gott" und die Strafmaßnahmen (für Verstöße gegen die Gebote) mit übernommen wurden.

Aus den ursprünglich kleinen Familien-Gruppen bildeten sich „Völker", die sich nach den „Naturrechten der Existenzsicherung" und dem „Recht des Stärkeren" (und dessen „Willen zur Macht") sowie mit „Habsucht" dann im Lauf der Zeit durch Zuwachs die Lebensräume streitig machten. Das „Recht des Stärkeren" führte zur Ausbeutung des Schwächeren (wegen Genusssucht und Bequemlichkeit des Stärkeren); was schon vor Jahrtausenden zu mörderischen Kriegen führte. Stärkere Völker überfielen mit besseren Waffen die schwächeren, zerstörten deren Kultur, töteten die Männer und versklavten deren Frauen und Kinder.

Die „Erfolge der Ausbeuter" beruhten meist auf den Machtwillen eines brutalen „Anführers", der alle „Nebenbuhler" im Kampf besiegt hatte und so vom „Volk" als „König" und „Heerführer" anerkannt wurde.

Da manchmal Kämpfe auch ungünstig verliefen, „glaubte" man schon frühzeitig an eine „Vielgötterwelt" (= Polytheismus) „da oben im Himmel" (jenem ersehnten Ort der ewigen Glückseligkeit, von wo aus alles Geschehen auf Erden gelenkt würde). So gab es die Götterkönige: „Jupiter" bei den Römern, „Odin" bei den Germanen, „Zeus" bei den Griechen, und den „Sonnengott" der alten Ägypter etc. Jeder dieser Gottkönige hatte seine eigenen untertänigen Götter, die für die jeweiligen Lebensbereiche der Bevölkerung zuständig waren. Um von diesen Göttern Beistand für die eigenen Wünsche zu bekommen, verehrte man sie entsprechend in Tempeln und versuchte mittels Opfergaben ihr Wohlwollen zu erlangen. (Das Wort „OPFER" kommt von der Schlachtung eines wertvollen Haustieres für ein Festmahl der Familie, womit die Freuden eines guten Mahles verbunden waren. Um auch Göttern diese Freuden zu spenden, brachte man ein wertvolles Haustier als „Opfergabe" zum Tempel-Priester und verzichtete somit auf die eigenen Freuden des Genusses. Daher kommt die Zweideutigkeit des Wortes „opfern" in der humanistischen Sprache).

Vor circa. 4000 Jahren (unserer Zeitrechnung) ersehnten sich die unterdrückten, ausgebeuteten schwächeren Völker die „Erlösung" von ihrem harten Dasein und erdachten sich den „Ein GOTT"-Schöpfer, der die Welt und das Leben erschaffen hat und sie bei moralischer Lebensführung befreien und letztlich in sein herrliches „Paradies" aufnehmen würde.

Der angeblich in Mesopotamien vor ~ 4000Jahren in der Stadt „Ur" geborene, aber geschichtlich nicht nachweisbare König „ABRAHAM" wird als erster Vertreter dieses Glauben an den „einen" Schöpfergott (in den späteren Schriften des „Alten Testamentes" namentlich) genannt und gilt als Urvater der daraus entstandenen „drei Hauptreligionen" im Raum um Palästina; nämlich des JUDENTUMS des CHRISTENTUMS und des ISLAMS. Diese drei (so genannten) „Abrahamischen RELIGIONEN" halten in ihren Glaubensgrundsätzen die Abstammung ihrer Propheten vom Urvater „Abraham" fest; bildeten aber (da zeitlich um je ~ 600 Jahre verschoben) jeweils ihre eigenen Verehrungs-Rituale und Legenden aus und bestanden jeweils auf den „Alleinvertreter-Status"; was später zu erheblichen Glaubenskriegen führte.

VB13a) Die JÜDISCHE RELIGION

Es wurde zuerst vor ca. 3000 Jahren die „Religion der JUDEN" gegründet, indem das Volk der Israeliten aus der Fronherrschaft der ägyptischen Pharaonen (gemäß der Überlieferung ihrer Glaubens-Grundsätze) durch den Propheten „MOSES" herausgeführt wurde, wo (nach entbehrungsreicher Zeit in der Wüste) die „Zehn Gebote" des Einzelgottes „JAHWE" verkündet wurden. Nach Vermehrung der Juden und Eroberung von Kanaan bildeten sich 2 jüdische Königreiche im Bereich um Jerusalem, die aber durch Nachbarvölker (722 + 597v. Chr.) zerstört wurden. Erst nach Rückkehr aus dem Exil (539 v. Chr.) wurden der Judentempel in Jerusalem erbaut und die von Moses verkündeten „jüdischen Religionsgesetze" in der „Thora" und dem „Tanach" (= 5 Pergament-Schriftrollen und die hebräische Bibel; um 200 v. Chr. ins Griechische übersetzt) niedergeschrieben. Diese mussten genaustens befolgt werden und waren sehr intolerant (z.B. keine Mischehen), was zur Abkapselung der Juden gegenüber Andersdenkenden führte (zumal sich die Juden als „auserwähltes Volk Jahwes" höhergestellt fühlten). Um die Zeitenwende (= Christi Geburt) war Palästina unter römischer Fronherrschaft. Es kam zu Aufständen und Vertreibung der Juden aus Jerusalem nach Galiläa (Tempelzerstörung in Jerusalem anno 70 n. Chr.), zur Neufassung der jüdischen Religion im „Talmud" (nach mündlicher Überlieferung) durch „Rabbiner", der Tempelkult wurde durch „Synagogen" ersetzt. Als weitreisende Händler breiteten sich die Juden in der Spätantike rund ums Mittelmeer, in Europa und im Nahen Osten aus und bekamen durch erwirtschafteten Wohlstand Kontakt zu den jeweils herrschenden politischen Oberschichten. Von anders gläubige Nachbarn gemieden (weil im 3. Jhdt. n. Chr. sich die, vom „Prophet JESUS" propagierte, christliche Religion durchsetzen konnte) siedelten sich die Juden im Mittelalter in den christlich europäischen Ländern meist unter sich im isolierten „Ghetto" an. Strenggläubigen Katholiken (zur Zeit der christl. Kreuzzüge um 1100 und z.Z. des Hexenwahns um 1700) ließen auch Juden verbrennen. Zur Zeit des 2. Weltkrieges (1939–45) verfolgten und ermordeten die Nationalsozialisten (= NAZI) 6 Millionen Juden aus Rassenwahn. Manche Juden, die es sich leisten konnten, wanderten vorher nach Nordamerika aus; von wo sie (nach Ende des 2 Weltkrieges = 1945) 1948 durch die USA und England die Möglichkeit zur Errichtung des jüdischen Staates „ISRAEL" auf dem Gebiet des ehemaligen Staates Palästina erhielten. Dazu mussten die dort (seit 2000 Jahren) siedelnden mohammedanischen Palästinenser größtenteils in den engen GAZA-Streifen am Mittelmeerufer verdrängt werden; was seitdem zu erheblichen Gewaltausbrüchen und Kriegshandlungen führt.

VB13b) Die CHRISTLICHE RELIGION

Vor ca. 2000 Jahren verkündeten mehrere Propheten die baldige Ankunft eines, vom „Gottvater“ geplanten, „göttlichen Sohnes“ in Menschengestalt, zwecks Erlösung des jüdischen Volkes von weltlichen Götzen und Ausbeutern, sowie von der Fronherrschaft der polytheistischen römischen Besatzungsmacht in Palästina. Es entstand der „Christliche Glaube“ im Gebiet um Jerusalem, nachdem dieser „Gottessohn JESUS“ (‚geboren im Jahre „null“ der christlichen Zeitrechnung vor 2020 Jahren) im Alter von circa 30 Jahren auf der Wanderschaft 13 Anhänger (12 Apostel und M. Magdalena) um sich gesammelt und das Volk mit Wunder beeindruckt hatte. Jesus versprach ein besseres Leben im Jenseits (= Himmel), wenn man an seine Lehren und seinen „Gott-Vater“ glaube. Er wandte sich gegen die jüdische Priesterschaft und die Geldwechsler im jüdischen Tempel; wurde aber bald darauf (wegen Aufruhr) von den jüdischen Bürgern verurteilt und von der römischen Besatzungsmacht gekreuzigt. Laut christlicher Lehre soll er nach seinem Tod auferstanden und zu „Gottvater“ in den „Himmel“ aufgefahren sein (wo auch der „Heilige Geist“ und „Engelsboten“ sind), und wo allen Gläubigen nach ihrem Tod für ein sittliches Leben die ewige Glückseligkeit oder andernfalls Marter und Höllenqualen erwartet.

Die christlichen Glaubensgrundsätze wurden erst ca. 300 Jahre nach Jesus Tod im „Neuen Testament“ in der „Bibel“ gesammelt und niedergeschrieben, wo auch das „Alte Testament“ des Judenführers Moses enthalten ist, wonach die Welt in 7 Tagen sowie die ersten Menschen (Adam + Eva) im Paradies von GOTT erschaffen wurden. Aus Ungehorsam (1. Sünde) soll Er sie aus dem Paradies vertrieben haben; doch Propheten (wie Jesus und andere) kündigten GOTTes Wiederkehr auf Erden zur Erlösung vom Fron und Mühsal an, und die Gläubigen würden am Ende ihrer Tage, bei moralischer und genügsamer Lebensführung, wieder ins ewige Paradies zurückkehren können. (Nach jüdischem Glauben entstand die „christliche Religion“ aber erst konkret durch die Niederschrift in der Bibel um das Jahr 300 n. Chr.) Das mächtige, polytheistische römische Volk unterdrückte die christliche Religion samt ihren Aposteln und Gläubigen noch bis ins Jahr 325 n. Chr. Der römische Kaiser Konstantin der Große ermöglichte durch Einführung der Religionsfreiheit auch die Ausübung des christlichen Glaubens. Erst Kaiser Theodoris I. in Thessaloniki erhob 380 n. Chr. Den christlichen Glauben zur Staatsreligion im (später geteilten) römischen Reich.Da die Römer damals halb Europa und den Nahen Osten unter ihrer Kontrolle hatten, konnte sich der christliche Glaube hier rasch ausbreiten. Ab dem Jahr 450 n. Chr. gibt es das „PAPST-tum" mit Sitz in Rom (mit Papst Leo dem 1.) als Oberhirte der Christen. Diözesen (= katholische Verwaltungsgebiete mit Kardinälen und Pfarrern zur Betreuung und Missionierung) wurden Klöster für die Seelsorge und wirtschaftliche Erschließung von Missionsgebieten, gebaut. Erst nach vielen Schwierigkeiten mit weltlichen europäischen Herrschern, sowie durch die Glaubenskämpfe mit dem Islam (wie Kreuzzüge nach Jerusalem um 1100), und durch Spaltungs-Tendenzen der orthodoxen kathol. Ostkirche im 11. Jhdt. und der evangelischen Kirchen im 15. Jhdt. (von Luther und der Anglikanischen Kirche) sowie mit der wissenschaftlichen „Aufklärung" im 16. Jahrhundert) konnte sich die römisch-katholische Religion in Europa und in den Kolonial-Kontinenten Amerika, Australien und Afrika etc. als größte Weltreligion durchsetzen.

VB13c) Die ISLAMISCHE RELIGION

Im Jahre 622 n. Chr. (also vor fast 1400 Jahren) gründete der Prophet „MOHAMMED" auf der Arabischen Halbinsel (zwischen dem Oströmischen Reich im Norden, Persien im SO und Äthiopien im Süden) die „Islamische Religion". Er lebte (von 570–632 n. Chr.) zuerst einfach in Mekka; nach der Stammes-Kultur der arabischen, dominanten Männerwelt, die vom Waren- und Sklaven-Handel relativ wohlhabend geworden war, und verschiedene Götzenbilder in Heiligtümern (,wie die Kaaba in Mekka,) verehrte. Nach einer Meditation in einer Höhle verbreitete Mohammed die Eingebungen seines Einzelgottes „ALLAH" zunächst in Mekka, wo er aber vertrieben wurde. Nach Anwachsen seiner Anhängerschaft in Medina konnte er Mekka (mit dem Schwert) zurückerobern und den „ISLAM“ im arabischen Raum verbreiten. Im „KORAN“, dem heiligen Buch der „Muslime“ (oder Moslems), sind die Lebensregeln für die Gläubigen akribisch vorgeschrieben [Bekenntnis zu Gott und Mohammed, 5 Pflichtgebete pro Tag mit Niederknien, Fasten im Monat Ramadan, Almosen spenden, 1 Wallfahrt nach Mekka im Leben]. „Allah“ darf nicht abgebildet oder beleidigt werden, auch nicht von Anders- oder Un-Gläubigen. Ein Moslem kann bis zu 4 Ehefrauen haben, Frauen aber nur 1 Ehemann. Frauen spielen im öffentlichen Leben kaum eine Rolle und müssen Gesicht oder zumindest die Haare außer Haus verdeckt halten. Mohammed (der 7 Frauen hatte) gilt genauso wie Jesus oder Moses als Prophet des „einen und alleinigen Gottes Allah“ und als Nachkomme des Ur-Vaters Abraham: Da alle drei Religionsgründer (Juden Christen und Islam) als Propheten von Abraham (s. S. 58) genannt werden, spricht man auch manchmal von den drei Abrahamischen Religionen. Nach dem Tode Mohammeds (632 n. Chr.) kam es im Nachfolgestreit zur Spaltung der islamischen Religion in 2 feindliche Glaubensrichtungen (Schiiten/ Sunniten) und zur Verbreitung des Islam über Afrika, den östlichen Mittelmeer-Raum und in asiatische Gebieten. Da damals die Islamische Kultur noch weltweit führend und tolerant war, konnte Europa (über die Spanische Halbinsel) viel Wissen übernehmen. Doch das damals christliche Europa vertrieb die Mohammedaner und bekämpfte den islamischen Glaubenskonkurrenten mit Kreuzügen nach Jerusalem. Umgekehrt musste das „christliche Europa“ zweier türkischen Versuche der Eroberung Europas (1529, 1683 Belagerung von Wien) verhindern, wovon die darauffolgende Feindschaft der beiden Religionen erwuchs. Leider führt die Spaltung der islamischen Religion zur Bildung eines total intoleranten Islamischen Kalifats (IS), welches die Weltherrschaft anstrebt und nicht nur ihre Glaubensgegner, sondern auch den Rest der zivilisierten Welt mit grausamsten Bomben-Terror in Angst und Schrecken versetzt. Die Islamische Revolution des IS (= Islam. Staat) in Syrien führte dort (seit 2013) zu internationalen Kriegshandlungen mit x-1000en Toten und einen enormen Asylantenstrom nach Europa.

VB13d) Da jede der 3 RELIGIONEN (trotz eines gemeinsamen Ein-Gott-Glaubens) ihre eigenen, speziellen Glaubensinhalte mit Alleinvertretungs-Monopol entwickelt hat, diese aber sich gegenseitig widersprechen, kam es bei Durchmischung der Glaubensgruppen zu argen Feindseligkeiten (Kreuzzüge, Invasionen, Tötung von Un- oder Anders-Gläubigen, Bombenterror mit Sprengstoffgürteln, Messerattacken etc.) infolge gegenseitiger Intoleranz. Zusätzlich erfolgte noch die Aufspaltung der Religionen in jeweils verfeindete Untergruppen und Sekten, wie Katholiken/Orthodoxe/Protestanten, oder Sunniten/Schiiten, obwohl sie jeweils an denselben Gott glauben.

Nachdem jede der 3 RELIGIONEN davon ausgeht, dass sie die „ALLEINIGE WAHRHEIT" bietet, aber alle drei RELIGIONEN SICH WIDERSPRECHEN, muss man als „real"-denkender Mensch annehmen, dass KEINE DER REALEN WAHRHEIT ENTSPRICHT, weil die RELIGIONEN mit der Entwicklung der Sprache VON MENSCHEN FREI ERFUNDEN worden sind, wobei auch manche, zum „Glauben" gehörende „LEGENDEN", (wie z. B. die „Erde-Entstehung", oder die Erschaffung von „Adam + Eva" als 1. Menschen im Paradies, wissenschaftlich widerlegt sind).

VB13e) Das heißt aber nicht, dass jedwede Religions-Gemeinschaft wertlos und für das Zusammenleben von Menschen unbrauchbar ist: Sie vermitteln vielmehr durch Erziehung in den Familien ihren (gläubigen und gemäßigten) Anhängern ein moralisches und erfreuliches Leben unter gleichgesinnten Bürgern, in Gebieten mit einheitlicher Kultur, wo sie durch „Jugend-Prägung" die absolute Glaubensmehrheit bilden. In ihrer zwar „unrealen", weil selbsterdachten Glaubenswelt können die „Gläubigen" „Werte" schaffen, althergebrachte Feste feiern und die Gemeinschaft durch gemeinsam erlebte Aktivitäten festigen. Nur darf es sie nicht wundern, wenn „naturrechtlich" gelenkte Ereignisse (wie z. B. ein früher Kindestod) für sie „unerklärlich" werden. Es ist nur schade, dass die Religionen durch selbst auferlegte „Dogmen", ihren Gläubigen zwingend manche Pflichten vorschreiben, die gegen „Naturrechte" verstoßen; wie z. B. den religiösen Ehezwang, oder der Zölibat bei den Christen, oder wie die Kopf- und Körper-Verhüllung mit Kopftuch bzw. Burka beim Islam! Et cetera.

VB14) Die BIENENSTACHEL-Konstruktion.

Wie hochkomplex aufgebaut –, ja anscheinend bewusst konstruiert – „Hardware"-Bauteile im Lebewesen sein können, sei am relativ einfachen Beispiel des sehr kompliziert funktionierenden Bienenstachels erläutert:

Diese Angriffs- und Verteidigungswaffe der Arbeitsbienen, die im Bedarfsfall zellenauflösendes Gift in die Wunde des Feindes einspritzt, funktioniert erst dann, wenn die Biene bereits tot ist. Wie genial der vom Lebens-Erfinder offenbar „bewusst" konstruierte (= „geplante") Bienenstachel (und seine Anhänge) sein muss, damit dieses „Werkzeug" überhaupt funktioniert, zeigt folgendes Problem:

Wie kann ein Stab (= Stachel) in ein Loch (= Wunde) eingebracht werden, ohne dass wer von außen antaucht, oder wer den „Stab" von innen hineinzieht? Das Lebewesen „Biene" ist ja schon tot, noch bevor diese Stachel-Funktion zu arbeiten beginnt!

VB14a) Der BIENENSTACHEL-Apparat löst das durch eine Dreiteilung des harten Chitin-Stachels der Länge nach in 3 Halbschalen: Die Unterschale hält mittels 2 Längsgleitrippen die einzeln verschiebbaren 2 Seitenschalen so zusammen, dass sie ein Rohr bilden, durch das später das Gift fließen kann. Die 2 Seitenschalen tragen außen Widerhakenreihen. Sobald die lebende Biene sticht, verhakt sich der 1. Widerhaken in der Wunde. Die Biene wird abgewehrt; dabei wird der ganze Stachel-Apparat aus der Biene herausgerissen, bleibt aber in der Wunde strecken, und die Biene stirbt. Nun besorgt ein am Stachel anhängender, autarker Nervenknoten über ein filigranes Hebel-Muskel-System den abwechselnden Vor- und Rückschub von je einer der beiden Widerhakenschalen, wodurch sie sich durch gegenseitige Abstützung immer tiefer in die Wunde einbringen können. Gleichzeitig wird durch mitbewegte Noppen an den hinteren Stachel-Enden das Gift aus der anhängenden Giftblase in das hohle Stachelrohr und somit in die Wunde gepumpt. Damit das Gift nicht vorzeitig aus den Rohrhälften des Stachels ausfließt, sind diese durch Gleitschienen (mit einem eigenen Schmierapparat) so zusammengehalten, dass sie nur in Längsrichtung, aber nicht seitlich bewegt werden können. Das Bemerkenswerte an diesem Stachelapparat ist das Fehlen einer Rückmeldung an die Biene, ob eine zufällige Entwicklung dieser Schutzwaffe für sie nützlich und speicherwürdig ist (denn sie hat ja zu Beginn des Stichvorganges, also noch vor der Gifteinspritzung, ihr Leben bereits verloren), was auch Indiz für das „Wirken eines Lebensplaners" ist.

VB14b) Eine weitere Merkwürdigkeit ist die Lagerung des Bienenstachels im Bienenkörper-Ende, wo auch die Stoffwechselprodukte der Biene entsorgt werden. Um eine Verschmutzung der Widerhaken des hochsensiblen Stachel-Apparates zu vermeiden, ist dieser um 90 Grad verdreht und zurückgezogen, geschützt gelagert und wird erst im Gebrauchsfall durch ein Muskelsystem aus seiner Schutzhülle geschwenkt in „Stichposition" gebracht.

VB14c) Der zellauflösende Bestandteil des Bienengiftes ist von derselben Beschaffenheit wie jenes Giftes, das in geringster Menge am Kopf des menschlichen Spermas mitgeführt wird, um beim Zusammentreffen mit einer menschlichen Eizelle in deren Ei-Haut mit dem Gift ein Loch auflösen zu können, durch das das Sperma einschlüpfen kann.

VB14d) Ähnlich komplex ist die „Bauart" des Sexualapparates der männlichen Biene (= DROHNE). Die Bienenkönigin, die 5 Jahre lang im Bienenstock Eier für den Bienennachwuchs zu legen hat, muss für diese Zeit auf ihren Hochzeitflug die Samen von mehreren Dohnen übergeben bekommen. Dazu kopulieren die Drohnen nacheinander mit einem Anflug von hinten. Nach der Samenübergabe kippt die Drohne nach hinten weg, wobei ihr „Penis“ abbricht, jedoch im Hinterleib der Königin stecken bleibt. Nun hat die nachfolgende Drohne an ihrem Sexualapparat eine Vorrichtung, mit dem sie den Vorgänger-Penis herausziehen kann, um selbst Samen übergeben zu können. Nach der Rückkehr vom Hochzeitsflug hat die Königin noch den Penis vom letzten Freier im Hinterleib stecken und könnte kein einziges Ei legen, wenn ihr nicht die Arbeitsbienen dieses Lege-Hindernis entfernen würden, obwohl diese gar nicht bewusst „wissen“ können, worum es geht. Es muss also in der „Software der Bienen“ dieses Verhalten vorprogrammiert worden sein.

VB15) Die SPRACHEN als Vermittler von Weltanschauungen

VB15a) Die HUMANISTISCHE BETRACHTUNGSWEISE der Welt stammt von der philosophischen Methode ab, die Welt und ihr Geschehen durch das „gedachte, gesprochene, geschriebene und letztlich gelesene Wort“ verstehen zu wollen. Die SPRACHEN mit ihren Wörtern wurden vor circa 50 Tausend Jahren von den ersten denkenden Ur-Menschen erfunden und entwickelten sich allmählich in den verschiedenen Volkszentren. Da es wissenschaftliche Erkenntnisse damals noch nicht gab, entstanden oft mehrdeutige Begriffszuordnungen bei manchen Wörtern, sodass der Wahrheitsinhalt nicht immer eindeutig gegeben ist. Der Wahrheits-Sinn besteht dann oft nur im „Glauben“, wo etwas für „wahr“ gehalten wird, das „REAL“ nicht beweisbar ist. *(„REAL“ = widerspruchsfrei im Sinne der Natur-Gesetze oder Natur-Rechte.)* Das führte aber in vielen Fällen zum zufälligen Entstehen von willkürlichen weltlichen Verhaltensregeln (wie z.B. die Gesetze der Justiz oder der Religionen sowie von politischen und kommerziellen Lebenszielen (meist aus Machtansprüchen von Personen)). Die humanistische Betrachtungsweise gehört wohl zu den meist verbreitetsten Denkmethoden, da sich das „alltägliche Leben“ hauptsächlich in diesen Bereichen abspielt; was aber auch oftmals zu Kontroversen und Feindseligkeiten führt, wenn sich festgefahrene Ansichten widersprechen.

VB15b) Die REALISTISCHE BETRACHTUNGSWEISE hingegen ergibt sich aus den wissenschaftlichen Bemühungen, dauerhafte und „ewig" gleich bleibende physikalisch/chemische Phänomene in dieser Welt zu verstehen und in Regeln zu fassen.

Nur jene funktionalen Gesetzmäßigkeiten, die „a priori" (= vor Beginn der Weltentstehung durch den Urknall (siehe VB1)) bestehen und zur Entstehen unserer Welt notwendig waren, sind die eigentlichen „NATURGESETZE" des WELTALLs. Diese bewirken das Verhalten der Materie, deren Kräfte sowie der Energie, elektro-magnetischen Strahlung und der Atombindungskräfte. Aber auch die funktionalen Logiken der Mathematik, Geometrie und Chemie gehören dazu. Mittels wiederholbaren physik.-chem. Versuchen, die immer zu gleichen Prüf-Ergebnissen führen, konnten intelligente Menschen (mittels der allmählich entdeckten Mathematik) aus dem Verhalten von zugänglichen Naturstoffen die „Gesetze der Technik" ableiten und für die Belange der Menschen nutzbar machen. Diese Technik-Gesetze müssen aber (je nach Stand der Wissenschaften) immer wieder überprüft werden, und können daher nie so „endgültig" sein wie die Naturgesetze des Weltalls. Doch bei fast 100%-iger Übereinstimmung von gleichartigen technischen Prüf-Ergebnissen und den daraus ableitbaren Folgen kann man auf eine sehr gute Annäherung der Technik-Gesetze an die exakte Richtigkeit wie bei den wahren „A-priori-Naturgesetzen" schließen, nach denen die Ereignisse in der Natur unserer Welt ablaufen.

VB15c) Die „Sprache" der NATURWISSENSCHAFTEN (wie Physik, Geometrie, Statik, Dynamik etc.) ist in der „Welt der TECHNIK" zusammengefasst, um die Naturkräfte für die Belange der Menschen besser nutzen zu können. Darin ist eine „realistische Betrachtungsweise" absolut notwendig, soll es nicht zu ungewollten Zerstörungen oder Katastrophen bei Produktions-Projekten kommen. Die Sprache der REALISTEN für ihre technischen Belange ist meist die der „höheren Mathematik", die einer speziellen Ausbildung bedarf; sie ist daher auch für eine breitere Öffentlichkeit (mit humanistischer Sprache) zu mühsam und eher uninteressant, da man Technik-Produkte, die auf diesen Naturgesetzen basieren, problemlos erwerben kann, ohne sie verstehen zu müssen. (Der Strom kommt z. B. aus der Steckdose, und das Auto fährt auch, ohne dass man die technischen Einzelheiten verstehen muss.)

Neben der Naturwissenschaft und Technik sind auch Wissensgebiete wie Astronomie, Geologie, Archäologie, Biologie et cetera (die auf experimenteller Arbeit oder realer Sammeltätigkeit beruhen) in der „realen Weltanschauung" erfasst; doch nur bezüglich der „unbelebte Natur". (Physiker klammern meist Aussagen über das Leben und seine Entstehung grundsätzlich aus, da sie ihnen zu spekulativ und unbeweisbar erscheinen, weil sie vielleicht Weltanschauungskonflikte nicht provozieren wollen oder weil sie kindheitsgeprägt einer humanistischen Glaubensrichtung anhängen, die eine andere Denkweise nicht erlaubt.)

VB16) Die „EINPRÄGUNG" von Weltanschauungen im Gedächtnis

Sowohl HUMANISTISCHE wie auch REALE Erkenntnisse werden im menschlichen Gedächtnis gespeichert. Sofern diese „Erkenntnisse" von einer Person des „Vertrauens" meist frühzeitig übermittelt, als „wahr und richtig" angenommen werden, kann es bei Wiederholung und Angewöhnung zu einer „EINPRÄGUNG im Gedächtnis" kommen; wobei das „eingeprägte Gedankengut" meist nicht mehr veränderbar ist. Es ist ähnlich wie bei einer Sucht, wo dem Bewusstsein durch das „Glauben" ein erstrebenswerter Wonne-Zustand vorgetäuscht wird, aber ein späteres Reagieren auf eher „bessere" Realerkenntnisse dadurch fast unmöglich gemacht wird (wie z. B. bei versuchter Raucherentwöhnung).

Durch extrem starke Fixierung des Gedankengutes in der „Einprägung" kommt es im Konfliktfall mit „Andersgläubigen" oft zu heftigen Auseinandersetzung und Streit. Das trifft leider öfters bei religiösen oder politischen Prägungen zu, wo die Einprägung meist in der Jugendzeit durch Erziehung in der Familie erfolgte und meist durch die (zufällig) vorherrschende „Weltanschauung“ am Geburtsort bedingt ist. In homogenen Glaubens-Gruppen können solche gewachsenen Einprägungen durchaus auch reale positive Wirkungen erbringen, indem sie eine „Werte“-Welt schaffen, die den Gruppenmitgliedern ein zufriedeneres Leben ermöglicht (siehe VB13d). Doch besteht die Gefahr, dass es bei Durchmischung mit „Andersgläubigen“ zu erheblichen Feindseligkeiten kommt, da jeder von der „Wahrheit seines Glaubens“ überzeugt ist, und sie dem Anderen aufzuzwingen versucht.

Manchmal kann ein strikter archaischer Prägungs-Glaube durch Aufklärung und Toleranz oder durch logische Erkenntnisse gemildert werden oder ganz wegfallen (wie steigende Kirchenaustritte zeigen). Doch sollte die dabei durch die Minderung der Glaubens-Moral geschwächte Welt-Entwicklungs-Philosophie durch einen „Ethik“-Unterricht gestützt werden, um die anwachsende Unmoral der Mächtigen und Superreichen einzudämmen.

Auch bei real-geprägten Wissenschafts-Meinungen kann es durch „irrtümliche Fehlauslegungen“ zur Fixierung und Verbreitung von unrichtigen Theorien kommen, die nur durch ein ständig wiederholtes, experimentelles Überprüfen überwunden werden können.

ABSCHNITT „D“
Kurze Zusammenfassung des Broschüren-Inhalts

Versuch einer Erklärung, wieso es auf Großteilen der bewohnten ERDE meist Kriege, Vertreibungen, Hungersnöte und Armut gibt, hingegen manche Regionen als „Inseln der Seligen“ funktionieren.

Mittels der „Black-Box“ (= Methode um vom „Eingang“ über kausale Ereignisse zum „Ausgang“ zu gelangen (s. S. 2)) wird versucht die Entstehung des WELTALLs im Abschnitt “A“, und des LEBENs am Planeten „ERDE" im Abschnitt „B" zu rekonstruieren.

Vom A PRIORI- über den URKNALL bis zum heutigen Welt-Zustand wird (unter Beachtung der Naturgesetze sowie Verwendung der wissenschaftlichen Erkenntnisse aus Astronomie, Geologie, Biologie, Physik, Chemie, Atomistik etc.) auf dessen Entstehung geschlossen; jedoch ohne Verwendung von (in der Kindheit, vom Geburtsort bedingt) „eingeprägten" Glaubensinhalten oder (vom Frühmenschen erfundene) Religions-Legenden, da diese meist geschichtlich oder wissenschaftlich widerlegt sind und sich auch in den einzelnen Religionen kategorisch widersprechen. Der weitverbreitete „GOTT"-Begriff ist dadurch in Frage gestellt, und man gelangt als logisch und wissenschaftlich denkender Mensch zum Begriff eines immateriellen „WELTPLANERs", der diese Welt „erdacht" und realisiert haben muss; sonst gäbe es uns ja nicht.

Im ABSCHNITT „A" ergibt sich nach Betrachtung des komplexen und seit 13,8 Milliarden Jahren bestehenden WELTALLs infolge der Existenz von Sternen (deren Dasein nach einem anscheinend kausalen Muster abläuft) die Vermutung auf das Wirken eines funktional- und kausal-denkenden „WELTPLANERs". Dieser schuf wahrscheinlich „a priori" zunächst die immateriellen Grundlagen (wie Mathematik, Geometrie, Funktionalität, Zeit etc.) zwecks Erstellung der „NATUR-GESETZE" (für Zeit, Raum, Kausalität, Kräfte etc.) und anschließend die Baupläne der Urbausteine für den Urknall, sowie ENERGIE für den Aufbau des späteren Weltalls samt Sternenwelt; denn ohne diese vorbereitende Planung hätte der Urknall nie diese präzise Ordnung in der Welt schaffen können.

Durch die Urknall-Zündung freigesetzte Urbausteine bildeten sich innerhalb wenigen Minuten die ersten leichten Atome; und mit deren Gravitation (= Anziehungskraft) gasförmigen Materie-Wolken, die (400 Millionen Jahre nach dem Urknall) die ersten Sterne entstehen ließen. Die zunächst gigantische Energiedichte (= Temperatur) kühlte durch das Auseinanderfliegen der Materie allmählich ab, und der Weltraum wuchs enorm an.

Durch die Gravitationskraft konnten die Sterne (mittels Atomkern-Verschmelzung) immer schwerere chemische Elemente erzeugen, und mit der dabei freiwerdenden Energie Licht abstrahlen, wodurch sie zu leuchtenden Sonnen wurden. Innerhalb von weiteren 500 Millionen Jahren entstanden aus den Wasserstoff-Atomwolken Myriaden vieler Sterne, die sich zu Galaxien, millionenfach zusammenfanden. Doch konnte damals, wegen der Hitze der Strahlung, im Weltraum noch kein Leben existieren.

In der „Milchstraßen"-Galaxie stand an Stelle unserer heutigen Sonne ein Stern, der als Vorgänger-Sonne (nach einer Leuchtzeit von circa 6 Milliarden J) als Super-Nova explodierte. Dessen Masse wurde teilweise ins All geschleudert, und aus rückkehrenden, nahen Trümmern entstand vor 4 Milliarden Jahren unsere SONNE samt ihrem System aus den umlaufenden Planeten. Nur ein einziger unter den 9 PLANETEN unserer Sonne, nämlich unsere „ERDE", erlangte (ca. 11 Milliarden Jahre nach dem Urknall) die richtige thermische Voraussetzung, um hier das 1. Leben zu ermöglichen. Es mussten aber für die spätere „Schaffung" von nachhaltigen Leben auf der Erde vorher noch 3 Ereignisse (zufällig?) stattfinden, um einen Erfolg zu erzielen:

1.) die Streifung der „Erde" (vor circa 3,6 Milliarden Jahren) durch einen großen Planetoiden, wodurch die Erdumlaufbahn um 23 Grad kippte und die lebensnotwendigen 4 Jahreszeiten entstanden.

2.) wurde ein Teil der glühenden Erdoberfläche mitgerissen; doch die Schwerkraft der Erde zwang diesen heißen Trümmerhaufen auf eine Kreisbahn um die Erde, woraus vor 3,5 Milliarden Jahren der MOND entstand. Die Mondbildung war für die später erfolgte nachhaltige Belebung der „Erde" wichtig, denn der zunächst nahe Mond konnte mittels seiner gewaltigen Gezeitenwirkung die (ursprünglich für das „Leben" zu rasch rotierende) Erde auf den heutigen 24h-Tag abbremsen (was aber Jahrmillionen dauerte).

3.) Der Planetoid dürfte auch das nötige Wasser in Eisform für die späteren Weltmeere mitgebracht haben (da vorher im Bereich der Erdbahn alle, durch die glutflüssige Erde verdampften Wassermoleküle durch den „Sonnenwind“ an den äußeren Rand des Planetensystems transportiert worden waren, so dass sich dort Eisplanetoiden und Eismonde bilden konnten.)

Erst nach Abkühlung der festen Gesteins-Erdoberfläche und Entstehung des URMEERes „Tethis“ vor 3,5 Milliarden Jahren konnte der (einstige Weltplaner) nun als „Lebensplaner“ vor 2,5 Milliarden Jahren (= ~ 11 Milliarden Jahren nach Urknall, = ~ 80% vom Weltalter) allmählich mit der Installation von „Leben“ auf der Erde beginnen.

Im ABSCHNITT „B“ wird die Entstehung von „lebenden Zellen“ betrachtet, deren Entwicklung von der Pflanze über die Tiere bis zum Frühmenschen (die in Sedimentablagerungen zeitlich einordenbare Fossilien) nachweisbar ist. Der „LEBENSPLANER“ kreierte dafür (aus Riesenmolekülen der leblosen Welt) mikroskopisch kleine Ur-Zellen mit dem „Lebens-Steuer-Elixier“ namens GENe ausgerüstet, welches durch Spaltung und Reproduktion eine Vermehrung der Körperzellen zu Einzelpflanzen schuf, die sich im Wasser rasch vermehrten und sesshaft waren. Durch Variation der Urzelle ließ der „Lebensplaner“ viele Abarten davon entstehen, die sich dann im Lauf der Zeit zur Flora entwickelten.

Erst nach weiteren 1,5 Milliarden Jahren schuf „Er“ auf ähnliche Weise die Tierwelt; zunächst mittels Bildung einer „UR-EiZelle“, die mit ihren GENen kleinste einzellige Lebewesen (Urtierchen und Bakterien) erzeugen konnte, versehen mit zugehörigen GEN-Lebens-Steuerungsprogrammen für Körperform und Verhalten, woraus dann durch Variation allmählich viele Tierarten entstanden. Die Sonnenlicht-Energie wurde zu deren selbständigen Beweglichkeit genutzt.

Die GEN-mäßig eingeprägte Fähigkeit der Ur-Lebenszellen zur Selbstvermehrung führte auch zum exponentiellen Wachstum der nachfolgenden Lebewesen-Gruppen, worauf die Überproduktion von gleichartigen Individuen lebensbedrohend schnell anwuchs. Der „Lebens-Planer“ musste offensichtlich zur Vermehrungs-Einbremsung dieser übergroßen, friedlich lebenden

Gruppen entsprechende, dezimierende RAUBTIER-Gruppen erschaffen. Nur so konnte langfristiges Überleben beider Gruppen erreicht werden, indem das „RAUBTIERPRINZIP" (s. B7b) ein Populations-Gleichgewicht (durch gegenseitige Verminderungs- und Vermehrungs-Phasen) nachhaltig gewährleistet.

Leider kann das Raubtierprinzip keine Rücksicht auf das Einzelindividuum nehmen, denn es sorgt nur für das Überleben der Gruppen. Durch die Problematik der „Dezimierung" (= Tötung) gab es damals noch keine „Moral"-Begriffe wie „BRAV" oder „BÖSE". Der „Ethik"-Begriff: *„Was du nicht willst, das man dir tu', das füg auch keinen Andern zu"*, ergab sich erst aus den Kinder-Erziehungsregeln der ersten Frühmenschen-Familien und enthielt auch (milde) Strafen. Diese „Moral" fand später Eingang in Religions-Gebote und humanistische Rechtsgesetze.

Die weit verbreitete Meinung (nach DARWINs Theorie von 1850), das „Leben" hätte sich durch „zufällige" Konstellation geeigneten Riesenmolekülen (aus der „leblosen Sternenwelt") und „zufällig" passende Umwelt-Bedingungen von selbst entwickelt, ist nicht glaubwürdig, da GENe mit ihren immateriellen Steuerfunktionen in den einzelnen „Körperzellen" nicht nur die „Form" des Individuums bestimmen, sondern auch dessen „Verhalten" steuern und teilweise auch das „Bewusstsein" umfassen; welche Moleküle der leblosen Welt von „A" nicht herstellen können. Außerdem zeigt die funktional vielschichtige Bauweise der einzelnen Körperteile an, dass ein zufälliger Aufbau auch durch einen ebenso zufälligen Zerfall unterbunden worden wäre.

Der „Lebensplaner" schuf in Folge aus den ursprünglichen „Einzellern" weitere eigenständige „Tier-Arten" (wie z.B. Insekten, Schnecken, Kröten, Fische, Vögel, Echsen etc.; mit einer zeitlichen Entwicklungsfolge) bis hin zu den übergroßen Sauriern. Erst nach deren Aussterben (vor 60 Millionen Jahren) entwickelte „Er" aus mäuseartigen Wirbeltieren und überlebenden „Urtieren" die heute noch existierenden Rassen bis hin zum (schimpansenähnlichen) Ur-Menschen, wie Fossilienfunde beweisen.

Den neu geschaffenen (Tier)-Gruppen wurden vom Lebensplaner jeweils (in den GENen unbewusste gespeicherte, aber zum

Überleben unbedingt notwendige Verhaltensweisen) als Naturrechte (siehe B5) mitgegeben, in denen auch Erfahrungs-Erbgut enthalten ist. Demnach gibt es Verhaltensweisen der Individuen wie z. B.: nach dem „Naturrecht des Stärkeren" (= Beschützer oder Anführer), oder nach dem „Naturrecht des Raubtier-Prinzip"s; (= Krieger, Jäger oder Eroberer), andererseits auch „Leidlinderer" (= Kinder erziehende Mütter. Krankenpfleger, Helfer). Aus den vielen möglichen Gen-Kombinationen ergeben sich bei deren Mischung die unterschiedlichsten Charakter-Typen. Dieses Prinzip wirkt auch im heutigen Leben noch; daher gibt es (durch die GEN-Programmierung) ebenfalls „menschliche Raubtiere" (wie Soldaten und Kriegsplaner), die zur Einbremsung der exponentiellen Vermehrung der Menschheit offensichtlich vorgesehen wurden; wie die immer (alle 25Jahre) wiederkehrende WELT- oder STELLVERTRETER- KRIEGE erahnen lassen.

Nachhaltige Minderung der Gruppen-Vermehrung ergab sich aus der energiesparenden Nahrungskette des „Fressens und Gefressenwerdens", mit dem Vorteil der Abfallentsorgung sowie der Begrenzung der Lebensdauer (durch das Alter, durch Verlassen des Lebensraumes (z. B. Ertrinken), Eroberungs- und Religions-Kriege, Krankheiten, Unfälle, Morde, sowie Nahrungsmittelmangel und Seuchen).

Trotz aller Wachstums-Begrenzungsmaßnahmen wächst die Weltbevölkerung ständig exponentiell weiter und wird sich in den nächsten 80Jahren von 7 auf 14 Milliarden Menschen verdoppeln, was infolge Platz- und Lebensmittel-Mangel viele Schwierigkeiten bringen wird, wenn man nicht ehest dagegensteuert.

Die Frühmenschen sammelten sich („GEN"-gesteuert) in „Familien"-bildenden Völkern, erfanden Sprachen und Religionen. Für die Entstehung der RELIGIONEN sei auf die Vorbemerkungen VB13 und VB13a-e hingewiesen, wobei zuerst VielGÖTTER-Religionen erdacht wurden, und erst später (vor ~ 4000 Jahren) unterdrückte Kleinvölker wie Juden, Christen und Mohammedaner ihre eigenen Ein-GOTT-Religionen erfanden. Da aber diese 3 Hauptreligionen intolerant sind und sich gegenseitig widersprechen, muss man (logisch gedacht) annehmen, dass keine von ihnen der realen Wahrheit entspricht.

Die weiteren Entwicklungs-Schritte der Menschheit sind im Abschnitt B12 dargelegt: Vom Sesshaftwerden über Völker- und Staatenbildung, Religions- und Gebieteroberungs-Kriege sowie Weltkriege zur Dezimierung der exponentiell wachsenden Weltbevölkerung reicht das Wirken der GEN-gesteuerten menschlichen Raubtiere. Solange eine machtgesteuerte Haupt-Religion die Moral noch einigermaßen hochhalten konnte, war das Zusammenleben von Gleicherzogenen und -gesinnten noch befriedigend. Doch durch das Anwachsen der Wirtschaftskraft (mittels Kapitalisierung und Technik) entstanden „Wohlstands-Inseln" auf der Welt (mit Warenüberschuss in der Produktion, aber Defiziten in der GesellschaftsMORAL und den Naturrechten). Dagegen weisen unterentwickelte Gebiete (infolge Mangel an Schulbildung sowie durch Korruption und Religionskämpfe) beträchtlichen Wohlstandsmangel auf, was jetzt schon laufend zu Strömen von Wirtschaftsflüchtigen aus unterentwickelten Ländern in die Gebiete des Wohlstandes führt (und dort die Akzeptanz zur Aufnahme der Emigranten spaltet.) In wenigen Jahrzehnten wird sich die Weltbevölkerung verdoppeln und nicht mehr zu ernähren sein. Gewaltige Völkerwanderungen von Emigranten zu den „Wohlstandsinseln" werden dann dort vermutlich die Ordnung überfordern und düstere Zeiten heraufbeschwören (falls nicht sofort dagegengesteuert wird!).

Das Streben der „Wohlstandsinsulaner" nach immer mehr Reichtum, Bequemlichkeit und Besitztum löste einen Wirtschaftswachstums-Wahn mit einer Eigendynamik aus, der dem schaffenden Volk immer mehr Leistung und Stress abverlangt, wodurch die „Einkommens-Schere" immer weiter aufklafft und die Kluft zwischen „Superreich" und „Arm" immer größer werden lässt., Eine gewaltige Zunahme des Reise- und Güterverkehrs auf allen Ebenen, verbunden mit Raubbau an der Natur, brachte eine Gefährdung des WELTKLIMAs, woran auch weltweite Jugendproteste kaum was ändern können. Ein sparsamerer Lebensstil wäre dringendst nötig!

Und siehe da: Mitten in den Streitigkeiten um Vorteile im Welthandel breitet sich ab Februar 2020 von China ein winzig kleiner VIRUS namens CORONA (Covid19) weltweit (durch Tröpfchenübertragung) aus. Er infiziert 10% der Menschen (in Europa Asien und Amerika), legt deren Wirtschaft (durch Quarantäne-Erlässe zu 95%) lahm und tötet über 500.000ende ältere Personen in kurzer Zeit. Schulbetriebe werden geschlossen, viele Leute sind arbeitslos und haben nur ein verringertes Einkommen, welches von betroffenen Staatenlenkern nach der Krise wieder ersetzt werden soll. Ob das gelingen wird und wie die Wirtschaft wieder normalisiert werden kann, ist die große Frage und Sorge der Zukunft! Es bleibt nur die Hoffnung, dass der „alte, aus dem Ruder gelaufene Lebensstil des Überflusses und der Wohlstandsgier" durch eine „neue vernünftigere Lebensart" ersetzt werden wird.

Es ergibt sich, nach den bisherigen Überlegungen, die Frage, ob nicht der „Lebensplaner" den Virus gezielt eingesetzt hat? Erstens um aufzuzeigen, dass alten Menschen das „Naturrecht auf Sterben" (im hohen Alter bei Demenz oder bei „medizintechnisch verlängerbaren Sterbekrankheiten") durch die humanistische Gesetzgebung verboten wird. Und zweitens scheint die bisherige Art der wohlstandsvermehrenden Lebensführung die „familienbildende Naturrechte" so zu behindern, dass mit der genusssüchtigen Lebensart das Weltklima arg gefährdet wird!

ABSCHNITT „E"
Erkenntnis aus der „Black-Box"-Betrachtung zur Entwicklung des unbelebten Weltalls und die Belebung mit Pflanzen, Tieren und Menschen

Nach logischen Überlegungen gab (oder gibt) es einen „immateriellen Weltplaner", der die Naturgesetze und das WELTALL (für die leblose Welt, mit Zeit, Raum, Energie, den Sternen und Galaxien) schuf.

Es gibt einen „immateriellen Lebensplaner", der das „LEBEN" und die Naturrechte (für die belebte Welt) bewusst kreierte; durch Schaffung von Ur-Zellen, mit Zellsteuerung über

GENe, mit Zell-Teilung zwecks eigenständiger Vermehrung der Lebewesen; was aber einer Vermehrungs-Begrenzung bedurfte (denn das Absterben der Individuen durch den Tod am Lebensdauerende) konnte die exponentielle wachsende Vermehrung nicht wettmachen). Daher wurden vom Lebensplaner das „Raubtier-Prinzip“ (B7b) und die Teillösung des Ernährungsproblems durch das Nahrungskette-Prinzip: „Fressen und gefressen werden“ sowie für die sich zu zahlreich vermehrenden Gruppen der selbstbewirkte Nahrungsmittel-Mangel zur Wachstums-Stabilisierung vorgesehen. (Natürlich gab es für den „Lebensplaner“ durch die beiden Lebenserhaltungs-Prinzipien keine Möglichkeit für MORAL-Überlegungen).

Eine vielfältige Erschaffung von Lebensformen (zu Wasser, in der Luft und am Land, bis hin zu „Saurier“-Größen und deren (gezielte?) Auslöschung durch eine Naturkatastrophe sowie danach die Neuentwicklung von Lebensformen aus überlebenden Kleintieren) mit Verbesserungen der Lebensqualitäten durch Artenentwicklung führte zum (noch affenähnlichen, jedoch schon zum Teil kausal-denkenden) Frühmenschen. Die Ausbildung von Sprachen, Bewusstsein, Gedächtnis und Ursachenvermutung (wie Religionen) führte zum heutigen Menschenleben. Doch die „Naturrechte“ (siehe VB9) fordern ihren Tribut: Der „Stärkere“ (die „Stärke“ kann auch eine „Geistige“ sein) hat das Sagen: Das „Naturrecht des Stärkeren“ enthält auch den „Willen zur Macht“, was zu Abhängigkeiten von den Machthabern führte (in Familien, bei Völkern, in den Religionen, im Staat, in der Politik und beim Heer und im humanistischen Recht). Familien-Strukturen schufen (zur Erziehung der Kinder) die Moral mit „brav“ oder „böse“, aber auch (milde) Strafen, welche später von den Religionen und den Justiz-Systemen übernommen wurden; dort aber (angepasst an humanistisches Denken und religiösen Glauben) vom Freiheitsentzug bis zur Todesstrafe variierten.

Die „menschlichen Raubtier-Gene“ der Krieger (siehe B7b) reduzieren zwar die exponentielle Vermehrung der Weltbevölkerung durch viele Welt-Kriege, trotzdem steigt der weltweite Zuwachs (mit 2,7 Kinder pro Sec. mehr, als Leute zu dieser

Zeit weltweit sterben) beängstigend an; so dass sich in längstens 80 Jahren eine Verdoppelung der Weltbevölkerung ergibt. Das aus dem „Raubtierprinzip“ (s. B7d) entstandene menschliche „Naturrecht auf Kriege“ (zwecks Vermehrungsbeschränkung) führt aber auch zu einer geldvernichtenden „Rüstungswirtschaft“. Eine sinnvolle Einbremsung der Staatsausgaben auf diesem Gebiet könnte viele soziale Hilfsprojekte zur Linderung von Armut ermöglichen; was aber aus Verteidigungsgründen und „Geltungssucht“ leider unterbleibt.

Der bereits merkbare Klima-Wandel (,welcher durch Überkonsum und Wohlstandsgier im Versorgungs- und Reise-Verkehr hausgemacht ist,) könnte zu einer Welt-Katastrophe führen, wenn nicht umgehend Gegenmaßnahmen dazu ergriffen werden.

Die aus den „Naturgesetzen“ abgeleitete TECHNIK ergab Wohlstand; aber auch Entwicklungs-Unterschiede zwischen reichen und ärmeren Völkern: mit Emigration der Ärmeren zu den „Wohlstands-Inseln“ der Reichen! Durch „Geltungs- und Hab-Sucht“ der Super-Reichen klafft die „Wohlstands-Schere“ zwischen „Arm und Reich“ immer mehr auseinander und der (bis vor Kurzem herrschende) Wirtschaftswachstums-Wahn schwächt die Moral des Welthandels, der Konzern- und Bank-Manager. Der Wunsch nach immer höheren Einkommen und Einnahmen frisst durch die daraus entstehende „Inflation“ die Ersparnisse der (hart für die Wohlstandsvermehrung arbeitenden) Bevölkerung auf, so dass letztlich unter Stress mehr gearbeitet werden muss, um den Lebensstand wenigstens zu erhalten; dabei aber unterm Strich weniger Gewinn herausschaut. Ein Umdenken in dieser Geldvermehrungs-Sucht wäre dringend notwendig.

Die von Frühmenschen erdachten, aber sich gegenseitig widersprechenden (und daher laut VB15 unglaubwürdigen) Religionen führen bei starker Einprägung und Unterwanderung leider zu Terror und Hass. Nur eine homogen geschlossene Gruppe von „Gläubigen“ (ohne Vermischung mit „Andersgläubigen“) kann ein geordnetes Leben in einer harmonischen und moralischen „Glaubenswelt“ in Zufriedenheit und mit Hilfsbereitschaft führen (ist aber durch ein zufälliges Wirken aus den „Naturrechten“ (s. VB9) oft verstandesmäßig überfordert).

Die Digitalisierung der Kommunikation erleichtert momentan das Leben, vermindert aber das reale Zusammenleben. Familiäre Bindungen zerfallen leichter, die „Selbstverwirklichung" der eigenen Person (entgegen den „Naturrechten") bewirkt öfter das „Single-Dasein" zu Lasten der Kindererziehung (sofern nicht manchmal Großeltern helfend einspringen können).

Die Kriminalität im Internet steigt ständig und bedroht das Finanzwesen und das eigene Vermögen.

Die Planung und Erfindung von unkontrollierbaren, autonomen „digitalen Intelligenzen" könnten in eine unabsehbare Zukunft führen! Denn nicht nur Roboter zur Lebenserleichterung (wie z. B. selbststeuernde Autos, oder paketbringende Drohnen) wären möglich, sondern auch denkende Maschinen zur Kriegsführung (wie zielprogrammierbare Raketen oder Bomber etc.) kämen sicher zum Einsatz. Eine Besinnung auf ein vernunft-geprägtes Zusammenleben (ohne Umwelt-Zerstörung, Glaubens-Terror, Wirtschafts-Gier, Wohlstands-Habsucht und Geltungs-Wahn) sowie eine Einbremsung der Verkehrslawinen (von Tourismus und Welthandel) zur Rettung des Weltklimas wären weltweit dringend nötig! Eine Geburten-Beschränkung zur friedlichen Minderung des GENmäßig vorgesehenen Wachstums der Bevölkerung ist leider infolge der menschlichen RaubtierGENe nicht möglich; daher werden sich künftige Kriege kaum vermeiden lassen; außer es gelingt die bisherigen „GENgesteuerten Dezimierungs-Kriege" durch sportliche Wettkämpfe zu ersetzen.

Die jüngst eingetretene CORONA-Virus-Katastrophe mit zig-millionen Toten, weltweiter Lähmung der Wirtschaft sowie wochenlangen Quarantäne-Maßnahmen (ist meines Erachtens nach allem hier Aufgezeigten) eine gezielte Maßnahme des „Lebenerfinders", um die (ziemlich weit von den NATURRECHTEN abschweifende) Weiterentwicklung der Menschen am Planeten Erde durch Selbstbesinnung zu korrigieren. Ob diese notwendigen Maßnahmen angenommen wird, kann nur die Zukunft zeigen!

Der Autor

Albrecht Hauenschild wurde 1929 in Wien geboren und lebt mittlerweile verwitwet in Zwettl an der Rodl. Stolz kann er dabei auf seine drei erwachsenen Kinder blicken.
Nach dem Abitur absolvierte er das Studium der Elektrotechnik an der Technischen Hochschule in Wien zum Diplomingenieur. Danach ging er in den Öffentlichen Dienst und war ÖBB-Beamter in Linz im Sicherungsdienst tätig, wo er zuletzt Vorstand bei der Signal-Streckenleitung war und als Direktionsrat in Pension ging.
Auch im Ruhestand ist er weiterhin daran interessiert technische Probleme zu lösen. Ebenso hat er sich seine Neugier behalten und reist gerne bzw. erweitert sein Wissen.
Vor allem stört es ihn, wie lässig mit Wahrheit und der Moral heute umgegangen wird und dass die Schere zwischen Arm und Reich immer weiter auseinandergeht. Außerdem stößt er sich an der Realitätsferne der Religionen. Genau diese Faktoren haben ihn auch dazu veranlasst das Buch „Die ‚reale' Welt" zu schreiben.